Burnout vorbeugen

Wie uns geheime Energieräuber
zur Erschöpfung treiben

Bernd Taglieber & Steffen Raebricht

Zweite, überarbeitete Neuauflage
©2020 Taglieber, Bernd &
Raebricht, Steffen

Herstellung und Verlag:
BoD – Books on Demand,
Norderstedt

ISBN: 9783751980050

Um Dir Extra-Materialien zum Buch zu sichern, besuche unsere Webseite

www.TAplus.de/burnout-vorbeugen-buch

Inhalt

Hinweise zum Umgang mit der verwendeten Literatur

Im Buchtext sind immer wieder Hinweise auf Literatur enthalten, auf die wir uns beziehen oder aus der wir zitieren. Zur besseren Lesbarkeit haben wir uns entschlossen, die Hinweise auf die verwendete Literatur nicht unmittelbar auf der gleichen Seite einzufügen, sondern lediglich den Namen des Autors kursiv zu schreiben. Dazu findet sich dann im Anhang die ausführliche Auflistung der verwendeten Bücher und Autoren.

I. Erkennen

1. Kennst Du das auch?

Um gleich voll durchzustarten, haben wir eine kleine Übung für Dich vorbereitet. Es handelt sich um scheinbar unbedeutende Situationen. Doch zeigen sich hier typische Verhaltensweisen, die auf unbewusste Dynamiken hinweisen, die Dich in die Erschöpfung treiben. Lies Dir einmal die folgenden fünf Situationen durch und schau, ob Du Dich mit einer oder vielleicht sogar mehreren identifizieren kannst:

a) Du sitzt bei Freunden in der Küche, ihr befindet euch in einer gemütlichen Runde nach dem Essen bei einer Tasse Kaffee. Schon während des Essens bleibt Dein Blick immer wieder an einem Bild an der gegenüberliegenden Wand hängen. Nicht, dass Dich die Abbildung von Küchenkräutern so faszinieren würde. Nein, das Bild hängt ein wenig schief. Fast unwiderstehlich beschleicht Dich der Impuls, aufzustehen und das Bild gerade aufzuhängen. Du lässt es bleiben, weil Du das tatsächlich bei anderen Gelegenheiten schon getan hast und Dir die spöttischen Kommentare immer noch in den Ohren klingen. Freunde von Dir sagen, Du seist ein Perfektionist. Andere nennen Dich eher einen Pedanten. Sei es drum. Dir ist es wichtig, dass die Dinge in Ordnung und fehlerfrei sind.

b) Oder vielleicht ist Dir folgende Situation näher: Dein Gegenüber erzählt Dir von seinem gestrigen Abend. Er spricht ein bisschen langsam, was Du schon von ihm kennst und woran Du Dich nur schwer gewöhnen kannst. Aber heute ist er noch bedächtiger als sonst. Immer wieder unterbricht er seine Erzählung, schmunzelt in sich hinein, muss überlegen, sucht nach einem Wort und macht allerlei Kunstpausen. Deine Geduld ist arg strapaziert.

Du hast schon längst damit begonnen, ihm die Worte in den Mund zu legen. Ungeduldig nickst Du mit dem Kopf. Dein linkes Knie wippt die ganze Zeit in hoher Schlagzahl. „Wird der heute noch mal fertig?" In der gleichen Zeit hättest Du fünf Geschichten erzählt. Du denkst dir: „Ein Glück, dass ich meine Zeit so effizient ausfüllen kann. Gelegentlich komme ich zwar etwas ins Schwitzen, aber was kann ich dafür nicht alles in einen Vormittag hineinpacken!"

c) Möglicherweise ist Dir aber auch folgende Geschichte näher: Du sitzt mit einer Freundin und zwei Freunden freitagabends in einer Bar. Später wollt ihr noch ein bisschen feiern gehen, aber jetzt erst mal den Abend langsam angehen lassen. Lisa, Martin und Björn sind nett, aber auch ein wenig weich. Lisa ist sowieso nah am Wasser gebaut. Aber auch Martin erinnert Dich mit seinen emotionalen Erzählungen mehr an ein Mädchen.

Björn lässt sich leicht anstecken, wenn mal wieder von Liebesleid und den Tiefschlägen des Lebens erzählt wird. Dir ist das alles zu schmalzig und die von Emotionen gebeutelten Freunde bedauerst Du eher: „Wie kann man nur so in Schmerz und Traurigkeit versinken?" Du bleibst cool und sachlich und das ist auch gut so. Das Leben ist halt kein Ponyhof. Man sollte seine Emotionen schon im Griff haben.

d) Vielleicht kannst Du Dich aber auch eher mit diesem Beispiel identifizieren: Christian hat eine neue Frau kennengelernt. Beide sind ganz begeistert voneinander und verbringen jede freie Minute zusammen. Christian möchte den heutigen Abend gern mit einem alten Freund verbringen - allein. Denn zu zweit sind die Gespräche doch intensiver als zu dritt. Da Christian schon die letzten Tage mit seiner neuen Flamme verbracht hat, spürt er, dass Melanie auch für den heutigen Abend wieder davon ausgeht. Beim Gedanken daran, ihr zu sagen, dass er den Abend gern für sich und seinen Freund haben möchte, wird ihm ganz anders. Er fühlt sich schlecht. „Was, wenn sie gekränkt ist?" „Ich will sie nicht verletzen." Dennoch entschließt er sich dazu, es ihr zu sagen. Er rückt zaghaft mit der Sprache raus: „Du, ich würde gern den heutigen Abend mit Thomas verbringen. Ist es okay für dich, wenn wir uns morgen sehen?" Er blickt in das leicht enttäuschte Gesicht seiner neuen Freundin. Sofort schiebt er eine beschwichtigende Geste hinterher: „Dafür koche ich morgen für uns beide." - obwohl er dazu eigentlich gar keine Lust hat.

e) Vielleicht spricht Dich aber auch diese letzte Situation an: David hat sich vorgenommen, die Zugspitze zu besteigen. Als er oben ist, genießt er den Ausblick, denn er hat eine anstrengende Wanderung hinter sich. Er ist zwar nicht besonders stolz auf seine Leistung, aber die mit der Seilbahn ankommenden Mitmenschen straft er mit einem verachtenden Seitenblick. Sie hätten den Ausblick nicht verdient, weil sie lediglich mit der Gondel nach oben transportiert wurden. Für David zählt nur das, was anstrengend ist. David ist mit einem Freund gekommen, der vor Kurzem ein beträchtliches Vermögen geerbt hat. So leicht an so viel Geld zu kommen, wie geht das? David hadert mit dieser Ungerechtigkeit des Lebens, denn er musste sich schließlich alles hart erarbeiten. Daher lässt er im Prinzip nur mit Mühen, im Angesicht des eigenen Schweißes, Erschaffenes gelten. Dass etwas leicht geht oder dass ihm sogar etwas in den Schoß fällt, ist für ihn nicht denkbar.

Du hast vermutlich bereits bemerkt, dass die beschriebenen Situationen zunächst scheinbar gar nichts mit Burnout oder Erschöpfung zu tun haben. Doch wenn Du Dich in einer oder mehreren Situationen ähnlich verhalten würdest oder ähnliche Gedanken und Gefühle hättest, dann ist dieses Buch für Dich gemacht. Du wirst im weiteren Verlauf die unbewussten Dynamiken kennenlernen, um Dich so effektiv vor Erschöpfung und damit letztendlich auch vor Burnout zu schützen.

A. Wie geheim sind die Energieräuber?

Mit Energieräubern meinen wir vor allem die inneren kräftezehrenden Kämpfe und Konflikte, die uns auslaugen. Das können fällige Entscheidungen sein, die wir selbstquälerisch vor uns herschieben. Aber auch strenge innere Gebote darüber, wie wir mit einer problematischen Situation umgehen sollen, die jedoch für die Lösung dieser Situationen völlig untauglich sind. Sie kosten uns oftmals mehr Energie als wir zur Verfügung haben. Das kann dann schnell zur Erschöpfung führen.

Obwohl wir die Verschwendung von Energie bei unseren Mitmenschen ganz gut beobachten können, sind uns unsere eigenen Energiefresser wenig bis gar nicht bewusst. Was wir da so bei unseren Mitmenschen an energieraubenden Eigenheiten beobachten, das schätzen wir häufig sogar. Allerdings mit der Einschränkung, dass wir uns selbst diese in einem solchen Ausmaß nicht zumuten wollen würden. Die Freundlichkeit eines Arbeitskollegen erinnert uns mehr an Selbstaufgabe, als dass wir ihn darum beneiden. „Ich könnte das so nicht...", denken oder sagen wir dazu und gehen still davon aus, dass das für den Betreffenden mit keinerlei Energieaufwand verbunden ist. „Der ist so, dem fällt das nicht schwer", glauben wir.

Für den Betreffenden selbst ist die permanente Freundlichkeit der Normalfall. Dass er gefällig ist, nett und umgänglich, rechnet er seinem Charakter zu. Und so wie Freunde von ihm sagen: „der ist halt so", sagt er von sich selbst: „ich bin halt so". Mit diesem Gebot und Glaubenssatz verschließt er die Tür zu seinem Innenleben und zu seiner Lernfähigkeit. Er wird so bleiben wie er ist!

Seine Mitmenschen schätzen diese Eigenheit und er selbst schätzt seine Eigenschaften. Da stellt sich die Frage, ob man daran überhaupt etwas ändern sollte?

Was er nicht merkt und was seine Freunde falsch einschätzen: Diese dauerhafte Freundlichkeit ist mit einem sehr hohen Energieaufwand verbunden, der in manchen Situationen rein gar nichts nutzt und somit vergeudet wird.

Allerdings empfindet dies der „Trainierte" längst nicht so. Er hat diesen „Muskel" ja von Kindesbeinen an trainiert. Dass ihn das Kraft kostet, merkt er allenfalls, wenn er sehr viel davon einsetzen muss und der erwartete Effekt ausbleibt.

Auch seine Freunde kennen Situationen, in denen sie seine Freundlichkeit als unpassend erleben. Und hier schimmert das Geheime durch. Die kleinen Unstimmigkeiten, die er selbst wahrnehmen könnte und andere gelegentlich wahrnehmen, geben einen Fingerzeig.

Dieses „Geheime" nennt man in der Psychologie Blinder Fleck. Er beschreibt normalerweise die Stelle des Auges, an der der Sehnerv in die Netzhaut eintritt. Dort sind wir blind. Unser Gehirn füllt diesen blinden Fleck mit eigenen Informationen auf. Entweder mit denen des anderen Auges oder mit selbst erschaffenen Ergänzungen. Nur durch ein bestimmtes Verfahren können wir unseren blinden Fleck entdecken.

Ein kleiner Test: Schließe ein Auge oder decke es mit der Hand ab. Schaue jetzt auf das „O". Das „X" siehst Du dennoch, selbst wenn Dein Blick auf das „O" fixiert ist. Wenn Du nun den Abstand zum Buch veränderst, verschwindet das „X" bei einem bestimmten Abstand.

Genauso funktionieren auch psychologische blinde Flecken. Der selbstgemachte Anteil an einer Situation wird durch Abwehrmechanismen des Gehirns ausgelöst, um keine Irritationen zu erzeugen. Er bleibt geheim.

Das geheime Gebot heißt **immer**: Sei **immer** freundlich! In der Transaktionsanalyse (eine psychologische Kommunikationstheorie - auch TA genannt - Manfred Gührs und Claus Nowak) nennen wir solche Gebote, die mit einem „immer" verknüpft sind, **Antreiber**.

Egal wann Probleme oder Krisen am Horizont auftauchen, bleib **immer** freundlich. Nur Freundlichkeit löst die Probleme und Krisen! Die Lösung scheint immer die gleiche Richtung vorzugeben. Mach noch mehr davon, mehr von demselben, noch mehr Freundlichkeit führt zur Lösung. Diese Lösungsart kann durchaus die richtige sein, wenn das Problem dazu passt.

Stell Dir vor, dass eine Tür klemmt. Mit mehr Kraftaufwand kann es Dir gelingen, die Tür zu öffnen. Stell Dir nun aber vor, Du wärst in einem Land groß geworden, in dem alle Türen nach innen aufgehen, und irgendein Schlaumeier hätte eine Tür eingebaut, die nur nach außen aufgeht. Was würde wohl passieren? Ziehen, mehr ziehen, noch mehr Kraft einsetzen: Egal wie viel Energie Du einsetzen würdest, es wäre verschwendete Energie und der gewünschte Effekt bliebe aus.

In der Systemtheorie nennt man dieses Lösungsmuster „Lösungen 1. Ordnung" und damit ist gemeint, dass man mehr und mehr von demselben einsetzt. Oder wie es im Volksmund heißt: Viel hilft viel.

Es gibt Probleme, wo dieses Lösungsmuster das passende ist. Aber an unserem Türexperiment wird deutlich, dass es auch Probleme gibt, bei denen der Lösungsansatz „mehr desselben" nicht zum Erfolg führt, sondern bei denen um die Ecke gedacht werden muss. Wo wir aus dem gewohnten Lösungsmuster ausbrechen müssen. Wir können uns vorstellen, dass dies für denjenigen, der es gewohnt ist, die Türen nach innen zu öffnen, gar nicht so einfach ist. Diesen Ideenansatz, aus dem Gewohnten aussteigen zu können, nennt die Systemtheorie „Lösungen 2. Ordnung".

Die Grundhaltung eines Menschen, die durch wiederkehrende oder nachhaltige Erfahrungen seiner Kindheit und Jugend geformt wurde, verdeckt den Schmerz, den er bei diesen Erfahrungen erlebt hat. Eine Klientin beschreibt es so: „Widerstand war zwecklos. Ich habe es an meinem Bruder gesehen. Wenn er bockig war, setzte es was. Bei den Schimpfkanonaden, die auf ihn einprasselten, habe ich Angst bekommen. Ich selbst war lieber brav und wenn ich schön freundlich war, gab es Lob von den Eltern. Meinen Zorn, an den ich mich kaum erinnern kann, habe ich lieber runtergeschluckt." Freundlichkeit und Anpassungsfähigkeit sind das Ergebnis, aber eben auch ein psychologisches Problemfeld.

B. Vormittags im Büro

Wir haben fünf Personen in einer Szene versammelt, die so ziemlich in „Reinkultur" fünf Typen repräsentieren, wie sie sich nach einem TA-Konzept verhalten könnten. Es ist bekannt unter dem Namen „Antreiber-Konzept" und stammt von dem Psychologen und Autor *Taibi Kahler*. Dieses Konzept spielt eine zentrale Rolle für die Burnout-Problematik, **weil mit wachsenden Schwierigkeiten**

immer die Antreiber aktiviert werden und auf unheilvolle Weise Energie entzogen wird.

André ist Abteilungsleiter in einem Versicherungsunternehmen. Er schaut auf die Uhr: Noch 40 Minuten bis zum Start seines Meetings. Keines von der üblichen Art, keine Routine, kein „nett, dass wir mal wieder zusammen waren". Heute sollen Entscheidungen getroffen werden. Weitreichende Entscheidungen. Er wird das Meeting leiten und er wird auch als Vorgesetzter die Hauptverantwortung tragen müssen, auch wenn alle an der Entscheidung beteiligt sein werden. Er spürt, dass die Anspannung dieses Mal über das gewohnte Maß hinausgeht. Sein Big Boss sitzt mit am

Tisch und André weiß, dass er heute unter besonderer Beobachtung steht. Er kennt solche Situationen zwar schon aus der Vergangenheit, aber die Kolleginnen und Kollegen haben ihm bisher immer zurückgemeldet, dass er so eine coole Socke sei und dass man ihm die Anspannung in keiner Weise anmerken würde. Warum sollte das dieses Mal anders sein?

Lisa, eine seiner beiden Kolleginnen, ist schon da. Sie ist die gute Seele der Abteilung. Andrea Kramer würde sicher wieder auf den letzten Drücker oder zu spät kommen. Sie stopft sich selbst so mit Aufgaben voll, dass sie regelmäßig Termine nicht einhält. Peinlich, aber alle haben sich schon daran gewöhnt. Auch Herr Wegmann, der große Boss aus Hannover, kennt das von ihr und macht immer wieder seine Bemerkungen, wenn sie dann endlich abgehetzt erscheint. André darf Herrn Wegmann seit 3 Wochen Alexander nennen. Obwohl sie in der Firma eine ausgesprochene Duz-Kultur praktizieren, ist Herr Wegmann einer der wenigen, der auf ein Sie besteht und nur wenigen Auserwählten das Du anbietet. Er ist Perfektionist. Manche sind froh, dass sie nicht Du zu ihm sagen müssen. Irgendwie empfänden sie es als unpassend, diesen geschniegelten Perfektionisten so persönlich anzusprechen. André weiß selbst nicht so recht, wie er zu der Ehre gekommen ist, dass ihm Herr Wegmann das Du angeboten hat. Er fremdelt immer noch ein bisschen, wenn sie in einem

Gespräch sind, und muss dabei aufpassen, dass er nicht wieder ins Sie wechselt.

Lisa sitzt lächelnd einer Kollegin gegenüber, die unablässig auf sie einredet. Sie nickt immer wieder zustimmend mit dem Kopf und hat schon mehrmals versucht, der Kollegin zu erklären, dass sie für das Meeting noch etwas vorbereiten muss. Aber Lisa kommt nicht zu Wort. Da kommt Lasse, der auch am Meeting teilnehmen wird, zu den beiden an den Schreibtisch und fragt mit sorgenvoller Stimme und bedrückter Miene, ob seine Frau schon angerufen hätte. Alle im Büro wissen aus seinen sorgenvollen Erzählungen: Eines der Kinder ist krank, seine Frau sucht dringend einen neuen Arbeitsplatz, der Älteste hat Probleme in der Schule, seine Kunden verlangen immer mehr Service. Jetzt soll er auch noch ein weiteres Arbeitsgebiet übernehmen. Keiner der Kollegen rechnet aber damit, dass es Lasse irgendwann gelassener angehen wird. Sie kennen sein mit Sorgen beladenes Jammern schließlich schon seit Jahren und sehen auch mal über seine Fehler und Unzulänglichkeiten hinweg, „weil er es ja so schwer hat".

Fünf Minuten vor Beginn des Meetings: Herr Wegmann trifft ein. Korrekt sitzender Anzug, passende, gut sitzende Krawatte, brauner Teint, gepflegte Hände, gescheitelte Frisur. „Fünf Minuten vor der Zeit ist des Lehrers Pünktlichkeit", und ohne sich unterbrechen zu lassen, erklärt er: „Ich bin zwar kein Lehrer, aber auch Juristen steht dieser Spruch gut zu Gesicht. Wenn sich nur alle daran halten würden, wäre das Arbeitsleben ein bisschen leichter. Aber heutzutage ist eine gute Kinderstube keine Selbstverständlichkeit mehr." Etwas förmlich und steif reicht er André die Hand zur Begrüßung: „Hallo André, schön, mal wieder hier zu sein. Ist denn der Beamer schon einsatzbereit?" André, dem siedend heiß einfällt, dass der Beamer ein defektes Kabel hat, lässt sich nichts anmerken: „Wir werden das Kind schon schaukeln."

Als sie gemeinsam den Meetingraum betreten, sitzen Lasse und Lisa schon an dem viel zu großen Tisch. Sie wirken etwas verloren. Sie sitzen sich an der Längsseite des Tisches schräg gegenüber. Lisa lächelt, mit zwei tiefen Sorgenfalten auf der Stirn schaut Lasse die Herankommenden stumm an.

Herr Wegmann setzt sich auf seinen „angestammten" Platz am Tischende, mindestens zwei Meter von den schon Sitzenden entfernt. André nimmt sich den Stuhl rechts von Herrn Wegmann und richtet seine Unterlagen. Insgeheim hofft er, dass das Kabel des Beamers ausgetauscht wurde, so wie er es dem IT-Mann aufgetragen hatte. Nach außen ist er die Ruhe selbst, aber nach innen fröstelt es ihn ein wenig, was er sich nicht erklären kann.

Herr Wegmann schaut auf seine Uhr: „Auch wenn Frau Kramer noch nicht da ist, es ist jetzt drei Minuten nach der Zeit. Wir sollten anfangen." André, der die Agenda erstellt hat und diese jetzt auf die Projektionswand holen will, drückt die Powertaste der Fernbedienung des Beamers - nichts passiert. „Angehen müsste er doch wenigstens, selbst wenn das Übertragungskabel immer noch defekt ist", denkt er. Sagen tut er: „Okay, es scheint, wir haben ein Problem." Sein Atem wird flach, aber das merkt er nicht. Er merkt lediglich, wie sein Frösteln zunimmt. Da schwingt die Tür auf und Andrea platzt herein. In jeder Hand eine Tasche und eine Mappe unter den linken Arm geklemmt, so stürmt sie auf den Platz links neben Lasse zu. Geräuschvoll stellt sie ihr Zeug ab und beginnt sofort aufzuzählen, was ihr in der letzten halben Stunde alles an unvorhergesehenen Dingen dazwischengekommen ist. Um die Zeit bis zum Beginn des Meetings gut zu nutzen, habe sie sich vorgenommen, noch drei kleine Erledigungen in der Stadt zu tätigen, aber man glaubt es kaum, wie langsam die Leute in den Geschäften und bei der Post ihre Arbeit verrichten. Unglaublich träge wären die Bediensteten und die Kunden. „Kann ich noch schnell mein Laptopkabel holen?" fragt sie in die Runde. Und bevor Herr Wegmann, dessen Kopf ein wenig rot angelaufen ist, Luft holen kann, steht sie auf und stürmt aus dem Raum.

André, dankbar für die Unterbrechung, fragt Lasse, ob dieser wisse, wo neue Batterien für die Fernbedienung seien. Lasse antwortet: „Da muss ich mal scharf nachdenken. Im Büro können kaum welche sein. Im Abstellraum wahrscheinlich auch nicht. Vielleicht in der Küche in einer Schublade? Oder doch eher beim Empfang?" Man sieht ihm an, wie angestrengt er alle Möglichkeiten durchdenkt, aber es will ihm keine Lösung einfallen. Da steht Lisa auf und sagt lächelnd zu André: „Ich schau mal nach. Ich komme gleich wieder und dann kann es weitergehen."

„Wir können ja schon mal ohne den Beamer mit dem ersten Tagesordnungspunkt beginnen", sagt André mit monotoner Stimme zu den Verbliebenen. Sein Mund ist trocken. Er müsste dringend etwas trinken, aber er stellt niedergeschmettert fest, dass selbst der übliche Service an Getränken und Gläsern nicht gerichtet ist. „Und zu trinken gibt es auch nichts. Da werden wir wohl eine Trockenperiode zu überstehen haben." Er wundert sich etwas über sich selbst, dass ihm trotz der Peinlichkeiten eine so witzige Formulierung eingefallen ist. Na, er hat ja auch schon andere Kämpfe durchgestanden.

Herr Wegmann, der das alles gar nicht witzig findet, merkt an, dass sein Taxi ihn in 90 Minuten abholen wird und dass er es für unangemessen hält, die vielen schwierigen Fragen in der verbleibenden Zeit durchzupeitschen.

Lisa betritt wieder den Raum, mit einer Flasche Wasser und drei Gläsern in den Händen. „Es tut mir sehr leid, ich habe keine Batterien gefunden. Aber wenigstens konnte ich noch etwas zu trinken organisieren, weil mir aufgefallen ist, dass ja nichts gerichtet war." „Drei Gläser und fünf Leute, das geht wohl nicht wirklich auf! Und wenn Frau Kramer jetzt nicht sofort kommt, dann fahre ich und treffe die Entscheidungen allein!", fährt Herr Wegmann dazwischen.

„Nur keine Aufregung", will André beschwichtigen, doch Herr Wegmann geht ihn nun persönlich an: „Als

Teamleiter sollten Sie für einen ordentlichen Ablauf sorgen können! Ein bisschen mehr Aufregung Ihrerseits wäre auch eher passend als unpassend!" André friert jetzt regelrecht. „Verdammt, warum ist der Raum so kalt", denkt er, während Herr Wegmann seine Krawatte zurechtrückt. Und warum hat Herr Wegmann ihn plötzlich wieder mit „Sie" angeredet?

Andrea kommt zur Tür herein, geht auf Lasse zu und flüstert ihm etwas ins Ohr. André wird ärgerlich und seine sonst so monotone Stimme klingt etwas härter. „Kannst Du das lassen und können wir jetzt endlich anfangen!", worauf Lasse aufsteht und mit noch bedrückterer Miene als sonst verkündet, dass er seine Frau zurückrufen müsse, er wisse jetzt gar nicht, was er machen solle. Gequält vor sich hin plaudernd verlässt er den Raum. Andrea erklärt, dass sie noch zwei kurze Telefonate geführt habe, die aber wichtig gewesen wären, und sie könnten nun direkt anfangen, sie müsse nur noch schnell ihren Laptop hochfahren.

Entnervt erhebt sich André nun und sagt zu Lisa: „Du rufst beim Taxiunternehmen an und bestellst das Taxi eine Stunde später. Besorg noch ein paar Gläser und etwas Ordentliches zu trinken. Ich schaue nach den Batterien." Lisa nickt beflissen: „Klar, mach ich doch gerne." Und André spricht weiter an alle gerichtet: „In dreißig Minuten machen wir hier weiter, und zwar ohne Unterbrechungen." Herr Wegmann will Luft holen, aber da hat André den Raum schon verlassen. Ein wenig zittern ihm die Knie, was er sich aber in keiner Weise erklären kann. Da hat er doch schon ganz andere Situationen durchgestanden.

Ausblick

Zugegeben: Die Szene ist etwas holzschnittartig gezeichnet, aber durchaus realistisch. Wir haben alle fünf Antreiber-Typen gemeinsam auftreten lassen, um zu veranschaulichen, wie ihre spezifischen Beiträge in einer schwierigen Situation aussehen könnten. Sie verbrauchen mehr Energie als notwendig und merken es noch nicht einmal. Offensichtlich ist nur, dass die eingesetzte Energie nutzlos ist. Wir greifen im späteren Verlauf des Buches immer wieder auf die Repräsentanten eines Antreibers zurück.

2. Was begünstigt Burnout?

N och vor wenigen Jahren gab es den Burnout-Begriff nicht. Heute kennt ihn jeder. Der eine oder andere fragt sich unbehaglich: „Habe ich das auch?" Unserer Meinung nach zurecht. Die gegenwärtige Lebenswirklichkeit vieler Menschen erhöht die Gefahr für einen Burnout.

Menschen sind in gesellschaftliche Systeme einge-bunden. Wie groß ist der Einfluss dieser Systeme auf den Menschen?

Wir behaupten, dass die Burnout-Symptomatiken nicht nur von den individuellen Faktoren eines Menschen, sondern auch vom gesellschaftlichen Druck stark beeinflusst werden. Deshalb erscheint es uns wichtig, auch die persönliche Haltung zu verschiedenen gesell-schaftlichen Phänomen zu überprüfen.

Du recherchierst im Internet ein Rezept. Auf einmal wunderst Du Dich, warum Dir die Internetwerbung Kochbücher vorschlägt. Dein Kollege hat sich das neueste Schuhmodell gekauft. Obwohl Deine Schuhe noch gut sind, schaust Du an Dir herunter: „Eigentlich bräuchte ich auch mal wieder neue Schuhe" - und denkst besorgt an Deinen Kontostand. Alleinerziehende Mütter mit zwei Jobs, Väter, die ihre Kinder nicht sehen dürfen, größere Arbeitsplatzunsicherheit, steigende Anforderungen und dazu noch eine Weiterbildung.

Nur den Anschluss nicht verlieren. Schnell noch ein Selfie - nicht gut genug geguckt - noch eines - das geht. Ab zu Facebook damit: #SoVielSpaß. Beim Durchblättern des Social Media Anbieters bemerkst du, dass die anderen auch ganz viel Spaß zu haben scheinen. Bei den anderen sieht das alles so leicht aus. Doch warum fühlt sich das bei Dir nicht so an?

Wir leben in einer Zeit, in der die Menschen in ein Konsumsystem eingebunden sind. In diesem System regiert ein wesentliches Ziel: Profitmaximierung! Wer diesem Ziel nicht folgt oder nicht folgen kann, rutscht an den Rand der Gesellschaft. Denn mehr Profit bedeutet mehr Reinvestition, bedeutet mehr Wachstum, bedeutet bessere Preise und Produkte, bedeutet mehr Profit und dann das Ganze wieder von vorn. Die Starken werden immer stärker und die Schwächeren werden weiter geschwächt. Denn weniger Profit bedeutet weniger Reinvestition, bedeutet weniger oder kein Wachstum, bedeutet schlechtere Preise und Produkte, bedeutet weniger Profit. Die Abwärtsspirale ist eingeleitet.

Diese Gesellschaftssysteme brauchen aber auch Menschen, die konsumieren. Denn ohne Käufer kann kein Profit für ein weiteres Wachstum eingefahren werden. Dabei sind unsere Grundbedürfnisse längst gesättigt: Wir haben feste Unterkünfte, Nahrung zu erschwinglichen Preisen, beste medizinische Versorgung und Freizeitangebote. Das Schlaraffenland scheint Realität geworden zu sein. Nur das tolle Gefühl dazu fehlt. Wir haben gefühlt keine Zeit, um den Luxus zu genießen. Denn wir stehen unter dem Druck, Geld verdienen und unseren Lifestyle polieren zu müssen. Das System hat eine Eigendynamik. Ursprünglich sollten zunächst die Bedürfnisse der Menschen befriedigt werden. Diese Aufgabe hat es längst erfüllt. Doch das immerwährende „Schneller, Besser, Schöner" und das durch ein Zinssystem angeheizte Wachstum haben ein Eigenleben entwickelt. Exponentielles Wachstum kennt man in der Natur hauptsächlich von Krankheitserregern.

Der Mensch fühlt sich getrieben von diesem System. Er ist zum Zahnrad im System geworden (Günther Mohr - Systemische Wirtschaftsanalyse). Er soll konsumieren und wettbewerbsfähig sein. Da das System bereits alle natürlichen Bedürfnisse des Menschen stillt, muss es neue wecken. Um das zu erreichen, manipuliert es uns. Popcornmaschinen, Kiwidosen, Kaffeebecherhalter fürs Fahrrad, Koffereinwickelgeräte am Flughafen, SUVs in der Stadt, Frühjahrsmode und Barfußschuhe.

Deswegen sieht der perfekte Mensch für das „System Wirtschaftswachstum" so aus: Manipulierbar und wettbewerbsorientiert.

Um das zu erreichen, verwendet die Werbeindustrie die neuesten psychologischen Erkenntnisse, um Schwachsinnsprodukte noch besser verkaufen zu können. Das Wichtigste dabei ist: Wir sollen es nicht merken. Wir sollen glauben, die Kontrolle zu haben. Wer glaubt, nicht manipulierbar zu sein, steckt schon tief in der Matrix des Systems. Die Mechanismen wirken gut! Ferrero beispielsweise verwendet ein spezielles Mischverhältnis von Fett und Zucker in seiner Kinderschokolade. Es macht abhängig. Michael Moss beschreibt das sehr eindrücklich. Und wir wundern uns, warum wir eine ganze Packung davon essen können. Die Schokolade als Genussmittel ist in ihrer Funktion entkernt - zugunsten des Profits.

Um konsumieren zu können, benötigen wir Geld. Das beziehen die meisten aus einem Job. Dort kommen die vielfältigsten Ansprüche auf uns zu. Wir sollen voll im Job aufgehen, wir konkurrieren um besser bezahlte Stellen, wir sollen immer mehr leisten, bei immer weniger Personal. „Leistungsverdichtung" nennen Soziologen dieses Phänomen. Dazu kommen Ansprüche aus Vereinsaktivitäten, der Verwandtschaft, von Freunden, Kindern usw.

Wie sehr wir uns von solchen Ansprüchen treiben lassen, hat selbstverständlich auch mit uns selbst zu tun. Aber dem Druck innerhalb unseres Wirtschaftssystems ist nur schwer zu entkommen.

Und wenn wir auf eine gesündere Balance zwischen gesellschaftlichen Ansprüchen und einem erfüllten

Leben abzielen, brauchen wir eines ganz gewiss: Innere Stärke und Reflektiertheit!

Hinter diesem System steckt keine Geheimgesellschaft oder Verschwörungstheorie. Es wurde entworfen, um unsere Bedürfnisse zu decken. Doch es wurde im Laufe der Zeit nicht angepasst und die Auswüchse machen uns nun zu schaffen. Die logischen Konsequenzen daraus entwickeln wir selbst, weil wir Teil des Systems sind. Wir setzen uns unter Druck und geben diesen weiter. Unseren Kindern sagen wir, dass sie sich in der Schule anstrengen müssen und erzeugen Angst: „Du willst doch später nicht unter der Brücke schlafen, oder?" Englischunterricht im Kindergarten: „Das wird Dir später helfen!" Gut gemeint wird zum Gegenteil von gut. Die Selbstoptimierungsgedanken der Eltern übernimmt das Kind ungeprüft. So reproduzieren sich schädliche Gedankenmuster. Wir brauchen keine Verschwörungstheorie.

Das Problematische an der Selbstoptimierung ist, dass wir uns nie die Frage stellen, wofür wir uns eigentlich optimieren. In den meisten Fällen handelt es sich um die Anpassung an ein gefühltes Konkurrenzerleben. Wir lernen das Speed Reading, um noch mehr mit noch besserem Verständnis lesen zu können. Das bringt uns Vorteile im Job. Wir eignen uns Führungskompetenzen an, um Reibungsverluste mit Untergebenen zu reduzieren. Diese Fähigkeiten bringen uns auch voran. Sie machen es uns einfacher, uns in einem nächsten

Schritt noch mehr aufzuladen und damit andere abzuhängen.

A. Wie sich Burnout einschleicht

Wettbewerb und Konsum: Diese beiden gesellschaftlichen Antriebe stecken tief in uns. Wir haben sie von Kindesbeinen an gelernt. Wir wollen Schritt halten und setzen uns unter Druck. Manche verbrauchen dabei mehr Energie, als sie zur Verfügung haben. Deswegen gehen wir an unsere Reserven und merken gar nicht, dass wir langsam ausbrennen. Wir sind kontinuierlich „drüber". Das wird zur Gewohnheit. Deswegen merken wir nicht, wie wir uns selbst erschöpfen. Ruhe und Ausgeglichenheit sind ungewohnt und wirken auf uns selbst verdächtig. Irgendwann geht nichts mehr. Durch jahrelange Dauerüberlastung ist das Profil völlig abgefahren, ähnlich wie bei einem alten Reifen.

Der Begriff Burnout kommt aus der Arbeitsmedizin und bezieht sich auf denjenigen, der sich dauernd verausgabt und überanstrengt. Das Tückische an diesem Prozess ist die Langsamkeit, mit der er stattfindet. Man kann es gut vergleichen mit dem langsamen Ansteigen des Blutdrucks. Bluthochdruckpatienten wissen bis zur Diagnose in der Regel nichts von ihrem krankhaften Zustand. Das Herz arbeitet mit immer größerer

Anstrengung gegen die Engpässe und wird dabei ungesund groß. Auf allen Organen und Blutgefäßen lastet ein enormer Druck. Doch der Patient bekommt durch die allmähliche Gewöhnung von alledem nichts mit. Bleibt der Zustand unentdeckt, kommt es irgendwann zum Zusammenbruch. Bis dahin hat der Patient schon viele gefährliche Situationen durchlebt, die ihn vielleicht ins Wanken gebracht haben, aber von der drohenden Katastrophe hat er nichts geahnt.

Bernd hatte einen Klienten im Coaching, der sich in einem üblen Erschöpfungszustand befand, gefragt, wie er sich die Lösung seiner Misere vorstellt. „Die Lösung ist, wenn ich im Krankenwagen liege und mit Blaulicht ins Krankenhaus gefahren werde". Als er dies sagte, wurde ihm schlagartig selbst klar, wie es wirklich um ihn stand.

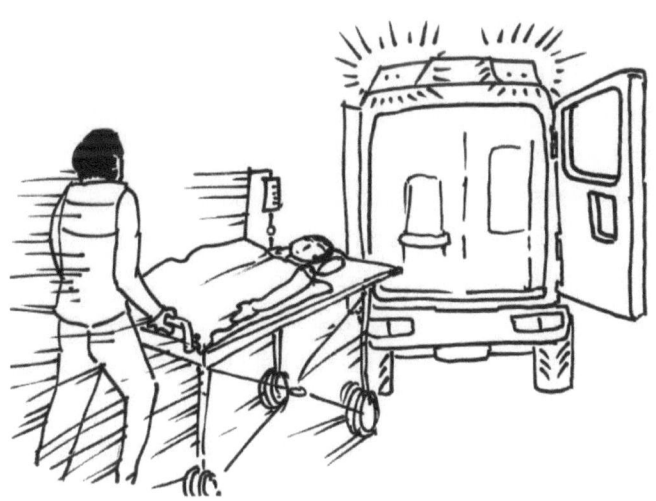

Burnout bedeutet ausgebrannt zu sein, erschöpft zu sein, am Ende zu sein, ohne dass Du Dir das eingestehen willst. Du hast Dich selbst ausgebeutet und hast kontinuierlich Deine Grenzen überschritten. Dann kommt der Notschalter zum Einsatz.

Viele Menschen haben glücklicherweise ein somatisches (körperliches) Programm, das den Körper „aus dem Verkehr" zieht. Sie werden ernsthaft krank. Diese Variante ist zwar auch nicht besonders glorreich, aber immer noch besser als ein Herzinfarkt oder Gehirnschlag. „Krank sein" ist gesellschaftlich akzeptiert und verringert damit den sich selbst auferlegten Druck. Allerdings ergibt sich aus Krankheit meistens nur eine Erholungspause. Danach kann es dann erholt in eine weitere Runde der Dauerüberlastung gehen. Wiederkehrende Krankheitsphasen sind also ein besonderer Fingerzeig auf einen unhaltbaren Zustand.

Der Burnout kommt immer schleichend. Betroffene gelangen erst nach Jahren der Überarbeitung und Überlastung an einen Punkt, wo nichts mehr geht. Die Batterien sind leer. Dann dauert es Monate, bis sie wieder auf die Beine kommen. Es fehlt ihnen an Lebenskraft, die Seele ist ausgebrannt. Der Wille ist vielleicht noch da, aber Körper, Geist und Seele streiken. Der Stress am Arbeitsplatz oder in anderen Lebensbereichen ist so stark, dass unsere Kompensationsmechanismen nicht mehr greifen. Dann doch lieber rechtzeitig vorbeugen!

B. Wer ist anfällig?

Eine wichtige Voraussetzung für das Vorbeugen von Burnout ist Wissen. In der Psychologie wird dies Psychoedukation genannt. Indem Du gefährdete Personengruppen, Persönlichkeitseigenschaften und Symptome kennst, kannst Du wachsam sein. Burnout-gefährdete Menschen sind häufig diejenigen, die ihren Mann oder ihre Frau stehen und eine Art Wachposten im Unternehmen haben. Sie identifizieren sich stark mit ihrem Beruf. Man findet sie häufig auch in Helferberufen: Ärzte und Pflegepersonal, aber auch Mütter, Lehrer, Sportler oder Seelsorger. Burnout-gefährdete Menschen haben den Eindruck, dass die Belastung nur von außen kommt. Tatsächlich ist der Stress aber auch selbstgemacht. Burnout kann durchaus zu den Stresserkrankungen gezählt werden. Bei Dauerstress kommt es zu einer gefährlichen Überproduktion von Kortison. Das hinterlässt Spuren im Gehirn und wirkt sich zunächst auf das Verhalten sowie später auch auf den Körper aus.

Es gibt selbstverständlich objektive Stressfaktoren: Wenn mein Arbeitsplatz bedroht ist, wenn ein geliebter Mensch ernsthaft krank wird, wenn die alten Eltern versorgt werden müssen oder ein Kind einen schweren Unfall hatte.

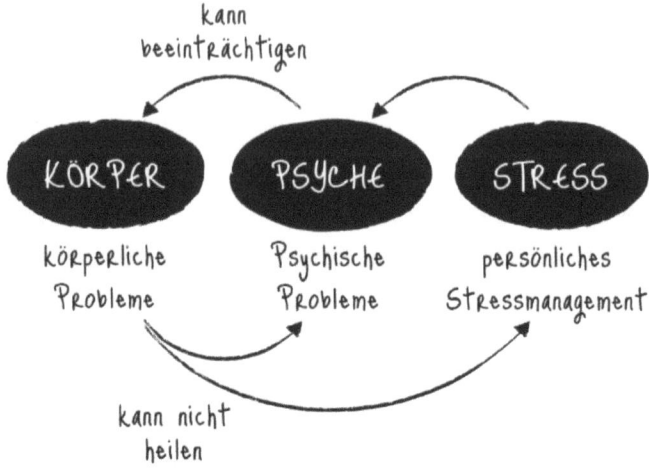

Selbst wenn viele schwerwiegende Situationen einen Menschen umgeben, ist niemandem geholfen, wenn der Helfer selbst zusammenbricht. Auch in diesen extremen Situationen sind es letztlich die missachteten Warnzeichen, die individuell übergangen werden, was dann für **alle Beteiligten** katastrophal endet. Diese Persönlichkeitsmerkmale begünstigen einen Burnout. Es sind Menschen, die:

- Hohe Ansprüche an sich selbst stellen

- Perfekt sein wollen

- Nicht nein sagen können

- Ständig gehetzt sind

- Sich selbst optimieren

- Sich stark mit ihrer Arbeit identifizieren

- Ihr Selbstwertgefühl abhängig von ihrem Beruf machen

- Sich keine Schwächen zugestehen

- Dinge mit zu viel Anstrengung erledigen

- Leistungsträger oder Führungspersonen im Unternehmen sind

Burnout-gefährdete Menschen haben den Eindruck, fremdbestimmt zu sein. Sie haben den Eindruck, nur noch reagieren zu können, aber keine eigenen Handlungsspielräume mehr zu haben.

Alle wollen etwas von uns, nur wir selbst kommen zu kurz. Wir fangen an, uns mit Hilfsmitteln zu unterstützen: Medikamente, Nikotin, Alkohol und Aufputschmittel kommen zum Einsatz. Wir müssen weiterhin funktionieren. Doch nehmen die Symptome nach einer kurzen Auszeit weiter zu. Die Palette der Symptome ist vielfältig und individuell. Betroffene erleben sich nicht mehr in ihrer Mitte. Alles wird zu viel. Das sind Anzeichen, bei denen Du hellhörig werden kannst:

- Gedächtnis- und Konzentrationsstörungen

- Einschlaf-, Durchschlaf- oder Ausschlafstörungen

- Lustlosigkeit

- Versagensgefühle

- Existenzängste

- Ständige Müdigkeit, Kraftlosigkeit, Antriebslosigkeit und Erschöpfung

- Gefühle der Verzweiflung

- Depressionen

- Stimmungsschwankungen

- Körperliche Symptome wie Ausschläge, grippale Effekte, Gürtelrosen, Allergien, Kopf- und Gliederschmerzen, Verdauungsstörungen oder Hörstörungen

- Sexuelle Unlust

- Rückzug von Freunden und Bekannten

- Innere Leere

- Zukunftsangst

Belastungssituationen werden von Menschen unterschiedlich verarbeitet. Was für den einen ein schmerzhafter und energiezehrender Stress ist, ist für den anderen anregend und energiespendend. Der Motivationspsychologe Heinz Heckhausen beschreibt im Zusammenhang mit seinem Konzept des **Aktivierungszirkels**, wie ausschlaggebend die Einschätzung des Menschen ist, ob er glaubt, die Kontrolle in einer Situation behalten zu können, oder ob er glaubt, dass sie ihm entgleiten wird.

Lass Dich mal, in Anlehnung an Heinz Heckhausen, auf folgendes Gedankenexperiment ein: Du fährst mit dem Motorrad eine kurvige Strecke entlang. Mit dem Gashahn regulierst Du die Geschwindigkeit. Die Anspannung steigt, wenn Du sehr schnell in eine Kurve fährst. Du kannst testen, bis zu welchem Grad die Anspannung aushaltbar ist. Bist Du schon an Deiner Grenze angelangt? Bist Du schon mit der Angst in Kontakt gekommen? Nimmst Du Gas weg, wird die Anspannung wieder geringer. Alles geht gut und Du hast ein sicheres Gefühl, die Kontrolle über die Situation zu haben. Solche Grenzerfahrungen bringen Dich zwar mit Angstgefühlen in Kontakt und „stressen" dich, aber Du bewertest die Situationen als erregend und kontrollierbar.

In einer weiteren Kurve gerätst Du auf eine Sandspur und das Hinterrad rutscht Dir weg. Von einer Sekunde auf die andere wechselt die anregende Situation in eine unaushaltbare Stresssituation, weil Dir klar wird, dass Du nicht mehr wirklich die Kontrolle über die Situation hast.

Diese Rolle der **individuellen Bewertung** hat Richard Lazarus in seinem transaktionalen Stressmodell noch differenzierter beschrieben: Seiner Meinung nach teilen Menschen Situationen in die Kategorien „positiv, irrelevant, gefährlich" ein, wobei nur die letztere als stressend im negativen Sinne verstanden wird.

Wir glauben, dass es im Sinne von Lazarus für Menschen möglich ist, zuvor als stressend erlebte Situationen **durch einen Lernprozess neu zu interpretieren** und damit von belastenden und energiezehrenden Anteilen fernzuhalten.

Zusammenfassend zum Umgang mit Stress: Wenn es Stresssituationen in Deinem Leben gibt, von denen Du glaubst, dass sie Deinen Einflussmöglichkeiten entzogen sind, wird Dich das krank machen. Und je länger Du diesem Zustand ausgesetzt bist, umso mehr. Du kannst Dich aus dieser Perspektive befreien, wenn Du anfängst, Deine inneren Dynamiken zu erkunden. Du wirst erkennen, dass Du durchaus Einfluss und Kontrolle gewinnen kannst. Darauf ist dieses Buch ausgerichtet.

3. Warum Du so bist, wie Du bist

In diesem Kapitel erfährst du, warum Deine ersten Erfahrungen mit der Welt so stark in Dir nachwirken und wie schon früh energiezehrende Verhaltensweisen angelegt wurden.

Wir besitzen die Vermutung, dass die Erfahrungen aus der Kindheit wichtig sein könnten. Allerdings wollen die meisten Erwachsenen nicht mehr viel davon wissen. Sie betrachten diese Phase als vergangen, hinter ihnen liegend und haben damit abgeschlossen. Manche spüren ein Unbehagen, wenn sie allzu sehr mit ihren Kindheitstagen in Kontakt kommen. Andere halten Distanz zu unangenehmen Anteilen ihrer Kindheit, indem sie sagen: „Ich hatte eine glückliche Kindheit". Sehr viele Männer behaupten von sich, sie hätten überhaupt keine Erinnerung an ihre Kindheit. Und tatsächlich ist ihr Zugang zu dieser richtiggehend zugesperrt. Als Coach muss man sich allerlei Kniffe einfallen lassen, um diesen Zugang wieder freizulegen. Manchmal hilft es, wenn man einem Klienten das Schuhband aufzieht und ihn bittet, sich beim Zubinden daran zu erinnern, von wem er das gelernt hat. Du kannst gerne, gedanklich oder auch tatsächlich, dieses kleine Experiment nachvollziehen und mal schauen, wie viel Erinnerungsmaterial dabei hochkommt.

Wie kommt es, dass wir häufig die Bedeutung unserer ersten Lebensphase so herunterspielen? Was bringt uns dazu anzunehmen, dass wir all die schönen und schmerzhaften Ereignisse hinter uns gelassen haben? „Das ist doch vorbei. Heute bin ich erwachsen und gestalte mein Leben selbständig", argumentieren manche. Andere stellen die Frage, was es bringen soll, in Kindheitserfahrungen herumzukramen. „Jetzt muss nach vorn geschaut werden."

Das geht so nach dem Motto „Ich denke, also bin ich!" Descartes, von dem dieser Ausdruck stammt, wollte damit seine Existenz nachweisen. Damit ist das bewusste Denken sehr ins Zentrum unserer Wahrnehmung der eigenen Person, des Ich, gerückt. Erst seit Sigmund Freud gewinnt das Unbewusste im Allgemeinwissen an Bedeutung. Wir reden davon „Das habe ich unbewusst gemacht" und wir machen die Erfahrung, dass wir mit dem Auto zu Hause angekommen sind, ohne die Fahrstrecke bewusst wahrgenommen zu haben. Trotz tausendfacher Hinweise auf solche Einsprengsel unseres Unbewussten auf unser Handeln wird sein Einfluss kleingeredet. Wenn dann noch Zusammenhänge des Unbewussten mit unserer Kindheit ins Spiel kommen, rücken wir von der Bank, auf der Kindheit und Unbewusstes Platz genommen haben, so weit wie möglich weg.

Im Coaching und in der persönlichen Beratung spüren wir bei den Klienten eine diffuse Angst, mit diesen Themen in Kontakt zu treten. Das ist für uns als Berater nachvollziehbar.

Menschen lassen nur so viele unangenehme Erinnerungen an sich herankommen, womit sie im Alltag handlungsfähig bleiben können. Das ist verständlich und ökonomisch.

Aber manchmal ist die Zeit reif und das Fernhalten der unangenehmen Erfahrungen wird belastender als die Auseinandersetzung mit ihnen. Wenn immer mehr Arbeit auf Dich einprasselt, wird es immer schwieriger, den

Ärger darüber zu verdrängen. Dennoch werden die aufkommenden Gefühle immer wieder weggeschoben. Das ist dann gar nicht mehr ökonomisch, sondern verschleuderte Energie. Wir fühlen uns dann, als ob wir heißlaufen, als ob etwas hängt und nichts weitergeht. Sehr viele Menschen verharren in Umständen, die für sie eine Art Dauerstress bedeuten. Es werden sogar Substanzen missbraucht, um wenigstens noch etwas Ruhe zu finden.

Dr. Joe Dispenza schreibt in seinem Buch „Schöpfer der Wirklichkeit": „Wie Geiseln in einem entführten Flugzeug fühlen wir uns an einen Platz gebunden und glauben, keinen Einfluss auf den Verlauf des Geschehens zu haben. Wir merken gar nicht, wie viele Möglichkeiten uns sonst noch zur Verfügung stehen."

Lange halten wir solche Zustände nicht durch und unser Körper versucht, unsere Gefühle auszuschalten. Freudlos und lebensmüde geraten wir dann in „Bewusstlosigkeit" auf einen Weg, dessen Ende manche Burnout und andere Depression nennen.

Fazit: Wenn wir gesund werden und bleiben wollen, ist es gut, den Blick darauf zu richten, „wie wir geworden sind" (Antonio R. Damasio), wie alles angefangen hat und wie die Fundamente unserer Persönlichkeit aufgebaut sind. Wenn wir glauben, in Zuständen gefangen zu sein, aus denen es kein Entrinnen gibt, dann hat das mehr mit unserem Glauben zu tun als mit der Realität. Auch wenn uns unser Gedankenkosmos noch so sehr vormachen will, dass das, was wir denken und fühlen, die unabänderliche Realität sei. Denn auch wenn wir Unangenehmes, Schmerzhaftes, uns Angstmachendes verdrängt haben und so tun, als würde es uns nicht beeinflussen, ist es trotzdem da. Wir können eingreifen und Dinge verändern.

A. Geburts-Tag, und nun? Am Anfang ist alles neu

Neugeborene kommen mit einem erstaunlich unfertigen Gehirn zur Welt. Sie sind ohne Fürsorge von Erwachsenen nicht überlebensfähig. Bis ein Mensch erwachsen ist, nimmt das Gewicht des Gehirns um das Vierfache zu. Entscheidender ist aber die neuronale Entwicklung. Die Formung des Gehirns hängt - im Vergleich zu anderen Säugetieren - entscheidend von Umwelteinflüssen ab. Während das Gehirn biologisch weiter reift, wird diese Reifung durch soziale Interaktion wesentlich vorangetrieben. Pro Sekunde entstehen bis zum sechsten Lebensjahr ca. 30.000 Synapsen pro Quadratzentimeter der Gehirnoberfläche. Diese Fülle an Verschaltungen im Gehirn weist auf das riesige Entwicklungspotential des menschlichen Gehirns hin. Kein anderes Lebewesen besitzt eine solche Fülle und lebenslange Veränderbarkeit des Gehirns wie der Mensch.

Aus der Gehirnforschung wissen wir, „dass nur jene Synapsen erhalten bleiben, die Teil bestimmter Verschaltungsmuster geworden sind" (Hans J. Markowitsch, Harald Welzer).

Vereinfacht ausgedrückt bedeutet das: **Unsere Erfahrungen werden zu Gewohnheiten.** Wenn zu diesen Gewohnheiten energieverschwendende Gewohnheiten gehören, dann ist ein erstes Leck entstanden.

Eine Besonderheit der Kindheit (und auch später in diesem Umfang nicht mehr wiederholbar) ist der Umstand, dass eine riesige Zahl von Sinneseindrücken zum **1. Mal** wahrgenommen werden. Sie sind **neu**, in einem Sinne, wie wir dies später nie wieder erleben werden.

Für jeden dieser neuen Sinneseindrücke wird ein Muster abgespeichert. Unser Gehirn ist, um ein Bild aufzugreifen, ein riesiger Musterkatalog. Je älter wir werden, desto weniger neue Muster kommen hinzu. Wenn wir als Erwachsene etwas „Neues" aufnehmen, wird es meistens der Sortierung **„ähnlich wie"** zugeordnet und ist in diesem Sinne nicht mehr wirklich vollumfänglich neu.

Diesem kindlichen Erleben von Neuem trauern wir als Erwachsene oft nach. Wie gerne würden wir Weihnachten noch einmal so spannungsgeladen und neugierig erleben wie als Kind. Wie gespannt schauen wir zu, wenn ein Kleinkind etwas Neues völlig hingebungsvoll erforscht.

Wir, Bernd und Steffen, wünschten, alle Erwachsenen würden wieder etwas mehr Zugang zu dieser Freude bekommen, die sie als Kind hatten, als sie zum Beispiel ein neues Spielzeug bekamen. Wie sie mit Begeisterung eine Spielwelt erschufen und selbstvergessen darin aufgegangen sind. Wir glauben, dass das Tor zu dieser Art von Bewusstheit durch Neugier und Wissbegier durchschritten werden kann. Ein spannender Teil davon ist der Blick darauf, „wie wir geworden sind". Den Blick darauf zu richten, was uns wie in unserer Kindheit geprägt hat, und diese Prägungen eventuell neu zu verschalten.

Neugier und Schaffenskraft sind ein Elixier des Lebens! Wieder mehr zurückzufinden in die Fähigkeit, sich für Dinge begeistern und sich über etwas wundern zu können. Das kann ein sehr attraktives Motiv sein: Das vorurteilslose Kindheitserleben wieder stärker an sich heranzulassen. Das ist auch als Erwachsener wieder erlernbar.

B. Gewohnheiten: Und täglich grüßt das Muster

Wenn wir von Mustern sprechen, dann meinen wir damit Wahrnehmungs-, Denk-, Fühl- und Verhaltensmuster. Sie sind eine Art Vorlage, mit deren Hilfe wir unsere Umwelt schneller erfassen können. Sie sind sehr sinnvoll. Stell

Dir vor, Du müsstest bei jedem Duschgang in Hotels oder fremden Häusern die Wasserarmatur aufs Neue untersuchen, um das Wasser in Gang zu setzen. Die Musterbildung im Gehirn hilft Dir, das eigentlich fremde Ding an der Wand als Armatur zu erkennen, und spielt die abgespeicherte Bedienungsvorlage ein. Du weißt automatisch, wie die Vorrichtung zu benutzen ist. Manchmal muss man ein bisschen suchen, aber im Normalfall kann man duschen.

Muster entstehen durch häufigen Gebrauch. Sinneseindrücke, die sich wiederholen, werden zu neuronalen Verschaltungen. Quasi eine Datenautobahn hin zum Ablageplatz im Gehirn.

Das intensivste Wahrnehmungsmuster, das wir Menschen haben, ist das Gesicht. Danach suchen wir als Erstes, wenn wir nicht recht erkennen können, was es da zu sehen gibt.

Punkt, Punkt, Komma, Strich, fertig ist das Mondgesicht.

Vermutlich ist diese intensive Prägung schon beim Säugen oder Füttern in den ersten Kindheitstagen entstanden. Im Angesicht der Person, die uns etwas Gutes zukommen lässt, saugen wir die Welt in uns auf. Da reichen schon 2 Augen, um den Rest unserer Wahrnehmung derart zu „versklaven", dass wir andere Details in unser Bild hineinzwingen.

Diesen Mechanismus, dass Elemente unserer Wahrnehmung versklavt werden, finden wir sehr häufig. Das liegt an einem ökonomischen Prinzip, Wahrnehmung so weit zu vereinfachen, dass wir ohne hohen Energieaufwand schnell reagieren können.

Energie einzusparen, wo immer es möglich war, hat den Fortbestand unserer Spezies gesichert.

Dieses Energiespar-Prinzip ist mitverantwortlich für unsere Trägheit beim Wunsch oder dem Druck, etwas zu verändern: Einerseits ökonomisch, andererseits hinderlich. Eine bestimmte Art zu denken, auf eine spezielle Art zu fühlen oder spezifisch zu handeln, hat sich eingeschliffen.

Aus Wiederholungen werden Gewohnheiten

„Es scheint wohl weitestgehend wahr zu sein, dass sich die zweite Hälfte des menschlichen Lebens gewöhnlich nur aus Gewohnheiten zusammensetzt, die man in der ersten Hälfte erworben hat", behauptet der russische Romanautor Dostojewskij.

Nicht nur aus unserer Alltagserfahrung, sondern mittlerweile auch aus vielen neurophysiologischen Untersuchungen wissen wir, dass etwas durch Wiederholung zu einer Gewohnheit wird. Mit ihnen müssen wir kaum noch unser bewusstes Denken bemühen. Tätigkeiten, die wir oft wiederholen, gelingen fast „wie von selbst". Stricken, ein Instrument spielen, Rasieren, Radfahren, Anziehen und das schon zitierte Autofahren sind Beispiele dafür. All diese Beispiele stehen für positive Gewohnheiten. Doch seltsamerweise beachten Menschen, bei sich oder bei anderen, eher die negativen, die schlechten Gewohnheiten. Wir nehmen

Negatives wesentlich stärker wahr, weil es unser Überleben eher gefährden kann.

Bei gewohnten Fähigkeiten wie Lesen oder Autofahren wissen wir auch, wie wir sie gelernt haben. Wir haben den Aufwand und die Anstrengung, die es uns gekostet hat, noch in Erinnerung. Wir wissen noch gut, wie lange es dauerte, bis die Abläufe automatisiert waren.

Bei sehr vielen anderen Gewohnheiten, die wir uns durch häufige Wiederholungen „so nebenbei" angeeignet haben, haben wir den Aufwand gar nicht bewusst registriert und auch die damit verbundene Automatisierung findet meist unbewusst statt.

So haben wir keine Idee davon, welche Mimik sich in unserem Gesicht festgesetzt hat, wie wir beim Sprechen betonen, wie wir Essen zu uns nehmen, wie wir unsere Morgentoilette verrichten, was wir fühlen, wenn uns jemand auf einen Fehler aufmerksam macht, was wir fühlen, wenn uns unser Chef begegnet und was wir denken, wenn uns etwas runterfällt.

Gewohnheiten, wohin man schaut. Sie zeigen sich in so vielen alltäglichen Abläufen und selbst in der Nacht bestimmen unsere Schlafgewohnheiten, wie wir im Bett liegen.

Im Prinzip ist es gut, dass wir nicht jeden Abend unser Bewusstsein bemühen müssen, um zu entscheiden, in welcher Position wir am besten einschlafen. Wirklich sehr entlastend, diese Gewohnheiten! Einfach den Autopiloten einschalten und zurücklehnen!

Gäbe es da nicht ein paar Gewohnheiten, die uns nicht gut tun oder die bei unseren Mitmenschen nicht so gut ankommen. Ein Beispiel, das vermutlich alle kennen, sind abgelegte Schlüssel oder Brillen. „Irgendwo im Haus muss das Ding doch sein. Ich hatte es doch vorhin noch in der Hand", sind unsere inneren Dialoge. Und je länger die Suche dauert, umso heftiger werden die gewohnheitsmäßigen Selbstbeschimpfungen. Dann sind da noch die Essgewohnheiten, die Bequemlichkeitsgewohnheiten, die „Nicht-nein-sagen-können-Gewohnheit", die „Klamotten-in-der-ganzen-Wohnung-verteilt-Gewohnheit" und viele ungeliebte Gewohnheiten mehr.

Gelegentlich bekommen wir unerwartete Rückmeldungen in Bezug auf unsere Marotten vom Partner, von Freunden oder Arbeitskollegen. Manche der Rückmeldungen sind intimer als andere und deshalb umso irritierender.

Eigentlich sollten wir froh sein, überhaupt von irgendjemandem Rückmeldungen für unbewusste, automatisierte Gewohnheiten zu bekommen. Kann es doch sein, dass viele Menschen unsere Gewohnheit nicht mögen und wir wissen nichts davon. Wenigstens haben wir dann die Chance, uns zu entscheiden, ob wir die Gewohnheit ändern wollen oder nicht.

Muster, die durch traumatische Erlebnisse entstehen

Traumatische Erlebnisse können Menschen in jeder Lebensphase ereilen. Je früher sie stattgefunden haben, umso eher werden sie ins Unbewusste abgedrängt. Oft sind diese Erinnerungen durchaus bewusstseinsfähig, aber ins Vergessen geraten.

Dazu zwei Beispiele aus unserer Coachingpraxis: Ein Klient will etwas aus seinem Arbeitskontext klären. Auf die Nachfrage, welche Emotionen dabei eine Rolle spielen und woher sie möglicherweise kommen, berichtet er von einer Situation, an die er sich plötzlich erinnert. Er war damals circa sechs oder sieben Jahre alt. Er berichtet unter Tränen, seine etwas jüngere Schwester habe eine Freundin zum Spielen dagehabt. Er wollte mitspielen, aber die beiden hätten ihn nicht gelassen. Da habe er das Gewehr seines Vaters geholt und gedroht zu schießen, wenn sie ihn nicht mitspielen lassen würden. Die Eltern hätten von der Situation erfahren und seien fürchterlich erschrocken gewesen. Sie hätten furchtbar geschimpft und mindestens ein halbes Jahr lang immer wieder mit Strafen gedroht, falls er noch mal so aggressiv und gefährlich mit seiner Schwester oder mit anderen umgehen würde.

Er ist einer von vielen Männern, die von sich behaupten, dass sie so gut wie keine Erinnerungen an ihre Kindheit haben. Aber die Arbeitssituation, wo es um unterdrückten Ärger und Wut ging, hat die verdrängten Emotionen wieder nach oben gespült. Es wird ihm bewusst, dass er damals den unbewussten Entschluss gefasst hat, nie wieder Aggressionen gegen andere Menschen zuzulassen.

Im zweiten Beispiel geht es um eine Klientin aus Bernds Transaktionsanalyse-Ausbildungsgruppe. Sie ist zum Zeitpunkt des Berichts 28 Jahre alt. Sie erzählt, dass sie im Alter von 16 Jahren mit einem Freund bei einem Weinfest war. Dieser Freund sei plötzlich in einen Streit verwickelt und mit einer abgebrochenen Flasche angegriffen worden. Blut ist geflossen, Schreie und Tumult waren um sie herum. Während der ganzen Zeit spielte eine Kapelle Tanzmusik.

Bei jedem Weinfest und bei ähnlichen Situationen kommen die Erinnerungen an die erlebte Situation wieder massiv hoch. Unter bestimmten Bedingungen muss sie das Fest verlassen, weil ihre Ängste so groß werden, dass sie es nicht mehr aushält.

Ein junger Mann hat nach einem Autounfall Angst, sich wieder hinter das Steuer zu setzen, und fährt deswegen nur noch mit öffentlichen Verkehrsmitteln. Selbst im Erwachsenenalter können traumatische Situationen unser weiteres Erleben bestimmen.

Durch einmalige traumatische Erfahrungen können zwingende Muster entstehen. Indem die Erfahrung der Einzelsituation auf andere Situationen ähnlichen Charakters ausgeweitet (generalisiert) wird, werden die Muster (Günther Mohr) aktiv. So kann es passieren, dass der Klient durchgehend Auseinandersetzungen mit Arbeitskollegen vermeidet, die Klientin auf Festen Angst bekommt und der junge Mann nur noch öffentliche Verkehrsmittel benutzt, obwohl die gegenwärtigen Situationen objektiv betrachtet keinen Anlass zu einer heftigen Reaktion geben. Heftige Reaktionen erfordern viel Energie.

Wie Muster in unser Erleben eingreifen

Am oben beschriebenen Beispiel lässt sich sehr gut erkennen, wie bereits angelegte Muster wieder in unser momentanes Erleben eingreifen. Die Klientin berichtet sehr differenziert, wie sich innere Spannungen auf- und abbauen. Tanzmusik allein erzeugt nur eine geringe Spannung. Kommt eine Menschenansammlung hinzu, steigt die Spannung. Dazu sind im Freien die Ängste größer als in geschlossenen Räumen.

Kommt der Geruch von Wein hinzu, entsteht ein hoher Anspannungsgrad. Gläserklirren und Schreie steigern den Grad ins Unaushaltbare.

Diese Muster-Einspielung (Muster-Rekursivität) in unser momentanes Erleben geschieht nicht nur bei solchen traumatischen Erlebnissen, sondern ständig. Der Hypnotherapeut und Autor Dr. Gunter Schmidt nennt dies „Kontext-Trance". Wir hören ein Lied und die Stimmung ändert sich (unbewusst). Wir fahren nach Jahren wieder zu unserem Elternhaus und werden unbemerkt, je näher wir kommen, wieder zum kleinen Sohn oder zur kleinen Tochter. Wir betreten ein Krankenhaus und bekommen ein mulmiges Gefühl.

Alle häufig oder nachhaltig abgelegten Erinnerungs-muster sind ganzheitlich und haben Einfluss auf unser Fühlen, Denken und Verhalten. Sie sind verbunden mit allen Wahrnehmungsanteilen, die zur Entstehung des Musters beigetragen haben. Was wir damals gesehen, gerochen, gehört, geschmeckt und gespürt haben, ist Bestandteil des angelegten neuronalen Musters. Diese Kontext-Trigger können, je nach Stärke und Bedeut-samkeit, im momentanen Erleben wieder sämtliche Befindlichkeiten und Emotionen wachrufen. Genauso, wie sie in den vergangenen Situationen angelegt wurden.

Das führt in unserem bewussten Erleben leicht zu Verwechslungen. **Wir verwechseln dann die Intensität des vergangenen Erlebnisses mit der realen**

Bedeutsamkeit im Hier und Jetzt. Die Angst von damals ist dann im Moment wieder so mächtig, auch wenn sie dies bei realistischer Betrachtung nicht sein müsste. Das Erleben von früher interpretiert die Bedeutung für das Heute. Wir legen den Filter von damals auf die gegenwärtige Situation. Häufig spüren wir noch, dass die Heftigkeit der Gefühle unangemessen ist, aber wir haben keine Erklärung dafür, weil wir nicht wissen, wie unser Unterbewusstsein unsere Emotionen von heute triggert.

Die Trigger zu kennen und sie wiederzuerkennen, wenn sie in unangenehmen Situationen den Autopiloten aufrufen wollen, kann uns enorm helfen. Wir können an diesen Stellen neue und gewünschte Gewohnheiten etablieren. Wir können erschöpfende Gewohnheiten sein lassen und damit Burnout vorbeugen. Wir können das Steuer wieder übernehmen und aktiv etwas ändern.

C. Der magische Entwurf Deines Lebens

In unserer Entwicklung durchlaufen wir eine besonders spannende Phase, die unser Leben und Erleben auf eine eigentümliche Weise beeinflusst. Es entsteht so etwas wie ein Entwurf, fast wie ein Drehbuch. In ihm sind unsere Rolle und die Rollen der Menschen, mit denen wir in unserem Leben zu tun haben, skizziert. Auch wie und wofür wir Energie einsetzen, ist dort hinterlegt. Wie kommt dieses Drehbuch zustande? Und vor allen Dingen: Welche Auswirkungen auf unser weiteres Leben hat es?

Mit dem Spracherwerb eines Kindes geht dessen Fähigkeit des bewussten Denkens einher. Hat ein Kind davor schlimme Erfahrungen gemacht, wurde es vernachlässigt oder unterversorgt, so gibt es später keine Möglichkeit mehr, durch Denken und Erinnern einen Zugang zu diesen Ereignissen zu finden. Es könnte sein, dass ein Mensch sich dann ständig mit einem diffusen Gefühl von „irgendwas stimmt nicht" herumschlagen muss. Therapeutisch ist dann ein Zugang am besten über eine körperorientierte Therapie möglich.

Mit der Fähigkeit, die Welt in Sprache abbilden zu können, entsteht auch die Fähigkeit, Erklärungen für Wahrnehmungen und Erfahrungen zu finden. Wobei es für Kinder ein Leichtes ist, diese Erklärungen auch zu „erfinden", wenn die kindliche Logik einen Schluss nahelegt. Warum scheint die Sonne? Ganz klar, weil sie uns wärmen will! Wie kommen die bunten Eier in den Garten? Na, weil der Osterhase sie versteckt hat! Warum fällt im Winter Schnee? Weil Frau Holle ihre Betten ausgeschüttelt hat! Warum hat Papa gemerkt, dass ich von seiner Schokolade genascht habe? Weil der Gott, der alles sieht, es ihm verraten hat! Warum ist Mama so wütend und böse? Weil sie eine Hexe ist! Warum wurde Mama, nachdem sie mich bestraft hatte und aus dem

Haus gegangen war, vom Auto angefahren? Weil ich ihr Böses gewünscht hatte!

Die kindliche Logik wird von einem Paradigma bestimmt, das ohne Probleme zwischen belebter und unbelebter Welt hin und her wechseln kann, in dem Phantasie und Realität vermischt und Zusammenhänge erdacht werden, die uns als Erwachsene kaum mehr nachvollziehbar erscheinen. Ein Dreirad ist lebendig und es will nach Hause. Geht es dem Dreirad schlecht, wenn es auf dem Kopf steht? Warum quietscht das Dreirad? Weil ihm etwas weh tut?

Jedes Kind kommt auch mit Situationen und Phasen in Kontakt, wo es an seine Grenzen stößt oder sich überfordert fühlt. Ich kann das nicht (ich bin zu klein, zu schwach, zu dumm, zu faul, zu dick, zu dünn usw.). Es entwickelt dann, wie wir in der Transaktionsanalyse sagen, ein Nicht-OK-Gefühl und das entsprechende Denken über sich selbst.

Du hast bestimmt schon erlebt, wie ein Kleinkind zum ersten Mal aus einer schweren Glasflasche Wasser in ein Glas füllen will. Es ist fest davon überzeugt, dass ihm das gelingen wird. Fällt das Glas um und die Flüssigkeit wird verschüttet, ist das zu verarbeiten. Wie die Erwachsenen in wiederholten Situationen damit umgehen, wird eine entscheidende Weichenstellung sein, was ein Kind sich in ähnlichen Situationen oder grundsätzlich zutraut. Diese und andere Nicht-OK-Gefühle bleiben starke

Trigger in unserem Erwachsenenleben. Sie können die ursprünglichen Überzeugungen und Erfahrungen aus unseren Kindertagen wieder aufrufen. Und sie können sehr energiezehrend sein.

Im „So-tun-als-ob" wechseln Kinder spielend in eine Welt, in der alles lebendig ist und alles in einem Zusammenhang mit ihnen steht. Wissenschaftlich spricht man von einem animistischen und magischen Denken. Der Schweizer Entwicklungspsychologe Jean Piaget führte diesen Begriff ein. Insbesondere Phänomene, die für Kinder nicht erklärlich sind, werden in dieser Weise erklärbar gemacht.

Warum haben sich Papa und Mama getrennt? Weil ich nicht brav genug war!

In der Beratung und im Coaching ist es eine der herausforderndsten Aufgaben, solchen frühen Schlussfolgerungen auf die Spur zu kommen. Falsch liegen würde derjenige, der glaubt, dass solche frühen Schlussfolgerungen keinen Einfluss mehr auf unser Erwachsenenleben hätten. Manche Menschen bemühen sich, ein Leben lang brav zu sein, ohne zu ahnen, dass sie das unbewusst tun, um ein Drama abzuwenden. Und sie verbrauchen dabei viel unnütze Energie.

Der Begründer der Transaktionsanalyse, der amerikanische Psychiater und Autor Eric Berne, hat ein Konzept entwickelt, das er dem Zeitraum des magischen

Denkens zuschreibt. Er stellt die These auf, dass im Alter zwischen 3 und 7 Jahren Menschen eine Art Lebensplan beziehungsweise ein Skript entwerfen, in dem die eigene Rolle, die Rollen der anderen Menschen und die Bedeutung der Welt beschrieben sind. Fast wie in einem Drehbuch sind Szenen und Handlungsstränge hinterlegt, die in Analogie zu Märchen, Filmen oder Geschichten, die das Kind kennengelernt hat, konstruiert sind. Unseres Wissens nach erwähnt Berne allerdings nicht ausdrücklich das magische Denken im Sinne von Piaget. Gleichwohl beschreibt er die märchenhaften und magischen Phantasie-Fähigkeiten von Kindern. Fanita English, die Grande Dame der Transaktionsanalyse, bezieht sich ausdrücklich auf Piaget und macht einen wichtigen Unterschied in der Bedeutung des Skripts zu Berne. Während Berne ausschließlich auf die negativen Aspekte schaut, betont sie die positiven Möglichkeiten, die im Skript eingewoben sind.

Zitat Fanita English: „Statt die Bildung eines Skripts durch das Kindheits-Ich zu bejammern, begrüße ich diesen Prozess. Es ist ein Ausdruck menschlicher Kreativität, dass Kinder eine Möglichkeit finden, während eines der fantasievollsten Stadien ihres Lebens eine aufregende Geschichte für sich selbst zu entwickeln. Mögen auch noch so viele irrationale Bestandteile in einem Skript vorhanden sein - z. B. verschlingende Ungeheuer, Fallgruben, Gefahren und sogar in vielen Fällen ein schreckliches Ende für einen unvorsichtigen

Helden bzw. eine Heldin - so gibt es doch ebenso Märchenelemente von Begeisterung, Abenteuer, Liebe und wunderbare Fantasie. Oft enthält ein Skript auch alle möglichen magischen Tricks und Rezepte dafür, wie eine Katastrophe umgangen und wie Missgeschick in Glück verwandelt werden kann. Es sind diese Aspekte, die Anhaltspunkte dafür bieten, wie ein Mensch sich eher durch sein Skript verwirklichen kann als im Widerspruch zu und in Angst vor ihm."

Schöne und wundersame Geschichten beeindrucken uns als Erwachsene immer noch stark. Wir sind anfällig für Unglaubliches und eine Neigung für Verschwörungstheorien ist gerade in unserer Zeit kaum von der Hand zu weisen. Auch leben manche von uns ihren kindlichen Aberglauben noch unverblümt aus: Freitag der 13., die schwarze Katze, die uns über den Weg läuft, oder sieben Jahre Unglück, wenn man gewisse Nachrichten aus den sozialen Netzwerken nicht an sieben Mitmenschen weiterleitet. Wenn Du eine Sternschnuppe siehst und Dir was wünschst, dann geht dieser Wunsch in Erfüllung. Das glaubst Du nicht? Dann bist Du bestimmt heute Morgen mit dem linken Bein zuerst aufgestanden.

Die Sicht auf uns und die Welt, die wir in frühen Kindertagen entworfen haben, beeinflusst uns aus dem Unbewussten mehr als uns lieb ist. Das allgemein bekannteste Phänomen ist vielleicht der Umstand, dass Frauen und Männer aus gescheiterten Beziehungen immer wieder den gleichen Typus als nächsten Partner auswählen. Und das, obwohl das nächste Misslingen zu erwarten ist - was für Außenstehende schon vorher erkennbar ist. Der Ausspruch „Warum immer ich?" wird dadurch ebenfalls erklärbar. Dir fallen sicher noch andere Situationen ein, in denen Du als Außenstehender mit ungläubigem Staunen danebenstehst.

Den unbewussten und oft magischen Anteilen Deines Skripts auf die Spur zu kommen, ist mit Hilfe einer sogenannten Skriptanalyse möglich und hilfreich. Ob und wie viele energiezehrende Anteile aus Deinem Skript heraus entstehen, lässt sich ebenfalls herausfinden. Lass Dich dabei von erfahrenen Beraterinnen und Beratern begleiten.

II. Umdenken

Orientierung für das Innenleben

Wieso helfen uns Konzepte, etwas zu verstehen, und wieso geben sie uns Orientierung?

Wir verstehen Konzepte als modellhafte Abbildungen von der Wirklichkeit unserer eigenen psychischen Abläufe und den Abläufen in zwischenmenschlichen Beziehungen.

Griffiger formuliert: Konzepte sind für uns eine Art Landkarte, die uns Orientierung für psychische Abläufe in uns selbst und in Beziehung mit anderen Menschen geben.

Dabei ist es wichtig im Blick zu behalten, dass eine Landkarte nicht die Wirklichkeit ist, sondern lediglich ein Abbild einiger wichtiger Informationen aus der Wirklichkeit. Die Wirklichkeit wird reduziert auf wenige wichtige Anhaltspunkte, die ihrerseits wieder den Hauptzweck verfolgen, hilfreich für die Orientierung zu sein.

Jede und jeder von uns hat unterschiedliche Erfahrungen mit Landkarten gemacht. Manche kennen sich gut mit Landkarten aus und finden sie sehr hilfreich, um den Weg zu finden. Andere haben Schwierigkeiten, sie zu lesen, weil sie ihnen so fremd und entfernt von der Wirklichkeit vorkommen. Je vertrauter man mit einer

Landkarte (einem Konzept) ist, umso mehr hilft sie, sich in der Wirklichkeit zurechtzufinden.

Nun ist es aber sehr wichtig, die geeignete Landkarte für ein bestimmtes Vorhaben zu benutzen. Wenn Du z. B. eine Karte vom Autobahn-Tankstellennetz in Deutschland hast, um Dich bei einer Radtour von Hamburg nach Bremen zu orientieren, wird das schiefgehen. Auch eine Deutschlandkarte wäre wenig hilfreich. Am besten wäre es, wenn Du eine Radwanderkarte für die entsprechende Region hättest.

Genauso verhält es sich mit Konzepten. Nicht jedes Konzept eignet sich für eine gute Orientierung in der Wirklichkeit. Auch hier ist es wichtig, für bestimmte Fragen und Vorhaben das richtige Konzept zu Rate zu ziehen. Wir haben schon mal eine kleine Auswahl getroffen, die als Orientierungshilfen für energetische Verausgabung (Burnout) passend sind. Es sind zwei Hauptthemen - „Das Ressourcenmodell" und „Die inneren Antreiber" - die aber in mehrere Unterthemen gegliedert sind. Manche dienen eher der groben Orientierung, andere gehen mehr ins Detail. Bei beiden Konzepten sind zahlreiche praktische Hinweise und Empfehlungen aufgeführt.

4. Auftanken: Das Ressourcenmodell

Wir möchten Dir ein Bild zeichnen, von dem wir glauben, dass es sich als Landkarte für den Umgang mit unserem Energiehaushalt gut eignet. Wie bei allen Landkarten wird nicht jede Einzelheit stimmig übertragbar sein, aber das große Ganze wird deutlicher.

Es geht um die Fragen,

- woher wir psychische Energie für uns als Lebewesen beziehen,

- wie viel Energie wir von unseren Mitmenschen und der Umwelt bekommen können,

- wie wir Energie gut bei uns behalten können,

- welche „geheimen" (= unbewusste) Energieräuber uns Energie abziehen,

- durch welche Lecks dabei Energie entweicht.

Menschen mit Burnout sind ausgebrannt (oft auch körperlich energielos) und damit energie-leer. Um das zu vermeiden, sind diese Fragen von essentieller Bedeutung.

Dabei wird der unbewusste Teil, der Teil der unserem Bewusstsein noch entzogen ist, eine wichtige Rolle spielen. Sigmund Freud forderte: „Wo Es ist, muss Ich werden". Damit ist gemeint, dass dort, wo noch unbewusste Kräfte das Geschehen bestimmen, sie dem Bewusstsein zugänglich gemacht werden sollen. Wir teilen diesen Gedanken, dass es für unser Leben hilfreich ist, mehr „Selbst-Bewusstsein" zu erlangen. Wenn unsere unbewussten Anteile ständig unser Selbstbewusstsein sabotieren, strampeln wir uns ab und vergeuden wertvolle Energie.

Jeder von uns kennt das Bild der durchdrehenden Räder, wenn ein Auto im Schlamm eingesunken ist. Die eingesetzte Energie bringt nicht den gewünschten Erfolg. Schlimmer noch, die Räder sinken immer tiefer ein. Wir sitzen fest.

Das Bild, das wir zeichnen möchten, ist das eines Hauses als Metapher für Deinen Lebens-Raum. Es möchte energietechnisch auf den neuesten Stand gebracht werden. Dahinter verbirgt sich das Konzept der „Selbstaktualisierung" von *Carl Rogers*, einem berühmten Psychologen des letzten Jahrhunderts. Selbstaktualisierung bedeutet, dass es in uns Menschen eine Kraft gibt, durch die wir uns ständig weiterentwickeln. In diesem Fall erschließen wir uns unseren Lebens-Raum und machen ihn energie-effizienter. Als psychologische „Energie-ingenieure" haben wir hier ein paar Tipps für Dich.

A. Woher Energie beziehen?

Es klingt ein wenig paradox, aber wenn wir mehr Energie gewinnen wollen, benötigen wir dazu Energie. Wir brauchen sie, um uns unsere unbewussten Anteile zugänglich zu machen. Doch woher nehmen wir diese Energie?

Stell Dir vor, Du fährst täglich mit einem alten, rostigen Fahrrad. Der Dynamo kratzt am Gummi, die Reifen sind fast platt, das Vorankommen geht schwer vonstatten. Hörst Du auf zu treten, hält das Gefährt innerhalb weniger Momente an. Es gibt hohe Reibungsverluste. Etwas gequält erreichst Du eine Fahrradwerkstatt und entschließt Dich, Dein Fahrrad generalüberholen zu lassen: Entrosten, neue Kugellager, einen leichtgängigen Felgen-Dynamo, schlanke Reifen mit 4 bar Reifendruck, neue Tretlager, Kettenfett usw. Die Aufwertung Deines Fahrrades hat Zeit und Energie in Form von Geld und Arbeit gekostet. Jetzt kannst Du weiterfahren. Was glaubst Du, welche Maßnahme Dir langfristig mehr Freude bringen wird? Mit dem schwergängigen Fahrrad weiterzufahren? Oder das Fahrrad wieder in Schuss zu bringen?

Vielleicht hast Du schon eine Idee, wer mit dem Fahrrad gemeint sein könnte. Ja, Du! Du kannst Deine Leichtgängigkeit erhöhen und Deine Energien effizienter nutzen, indem Du Dich selbst entrostest, neu ölst und vielleicht das eine oder andere Kugellager wechselst.

Auf unsere Lebensrealität bezogen bedeutet das ein gezieltes Abtrainieren von hinderlichen Gedanken-, Gefühls- und Verhaltensmustern zugunsten Deines eigenen Wohlbefindens. Das erfordert die Entwicklung von

- Selbstverantwortung,

- der Bereitschaft, tiefgreifende Entscheidungen zu treffen,

- einer Reflexion der eigenen Gefühle, Gedanken und Handlungen.

Selbst-Bewusstsein geht nicht nur mit einer größeren Wahrnehmungsfähigkeit einher. Auch das empfundene Lebensglück steigt. Hat ein Mensch „Selbst"-Bewusstsein entwickelt, trifft er Entscheidungen, die ihm gut tun. Und dies, ohne andere in Mitleidenschaft zu ziehen. Selbstfürsorge ist ein Teil von Selbst-Bewusstsein und kann für eine gesteigerte Lebensqualität sorgen.

Der Burnout wird auch „Erschöpfungsdepression" genannt. Die Depression stellt vereinfacht gesagt das Gegenteil einer gesteigerten Lebensqualität dar. Es bedarf einer Verantwortungsübernahme für das eigene Leben durch tiefgreifende Entscheidungen. Dieses Buch möchte Dir hierbei weiterhelfen. Schauen wir uns einmal gemeinsam Deinen Ressourcenhaushalt an.

B. Ressourcenvolle und ressourcenarme Zustände

Stell Dir vor, Du wohnst in einem Haus, welches aus einem Raum besteht. Ist er klein und kühl, wirst Du Dich wahrscheinlich unwohl fühlen und bist damit beschäftigt, Dich irgendwie warmzuhalten. Du wirst wahrscheinlich keinen Nerv dafür haben, einem Hobby nachzugehen, und mit Dir selbst beschäftigt sein. Schließlich ist Dir kalt, und dass Du nicht frierst, hat jetzt Priorität.

Ist der Raum jedoch geräumig und warm, versetzt Dich das schon eher in einen Zustand, in dem Du Dein Potential nutzen und kreativ tätig werden kannst. Du hast Handlungsspielräume, weil Du Dich nicht um Wärmeerzeugung kümmern musst. Eines Deiner Grundbedürfnisse ist befriedigt.

Abraham Maslow wird die Bedürfnispyramide zugeschrieben. Sind die unteren Teile der Pyramide erfüllt, entwickelt der Mensch weitere Bedürfnisse, bis hin zur Selbstverwirklichung.

Erfüllen wir unsere Bedürfnisse, führen wir uns Energie zu. Wir schauen uns im Folgenden an, wie wir unsere Bedürfnisse erfüllen können und wie Fehlkalibrierungen unser Haus auskühlen lassen. Dafür definieren wir nun ein paar Bestandteile unseres Hauses.

C. Dein Energiehaushalt

Ein Haushalt muss beheizt werden, damit wir darin angenehm wohnen können. Egal wie gut er isoliert ist, es fließt immer Energie ab. Um einen konstanten Zustand aufrechtzuerhalten, muss ständig neue Energie zugeführt werden, sonst kühlt er aus. Genauso ist es auch bei uns. Wir müssen auf körperlicher und psychischer Ebene ständig Energie zuführen, damit wir nicht auskühlen. Am einfachsten ist das bei körperlichen Prozessen nachzuvollziehen. Wir benötigen Nahrung und Wasser, brauchen Pflege, Schlaf und Sauerstoff. Im Weiteren betrachten wir mehr die psychische Ebene. Allerdings lässt sich die körperliche Ebene nicht so ohne Weiteres ausblenden. Körper und Geist sind niemals trennscharf zu betrachten. Das siehst Du auch beim Burnout. Durch eine psychische Fehlfunktion brennen wir auch körperlich aus. Deswegen erwähnen wir die körperliche Ebene hin und wieder, ohne tiefer auf sie einzugehen. Schauen wir uns verschiedene Elemente unseres psychischen Energiehaushaltes an: Wir schauen auf das Fundament, den Raum, die Wände, Türen und Fenster, den Thermostaten und die Energiequellen.

Das Fundament

Alles, was Du in Deiner Kindheit von Deinen Eltern und Bezugspersonen übernommen hast, stellt das Fundament Deines Hauses dar. Auch die unbewusst getroffenen Schlussfolgerungen, die Du etwa bis zum siebten Lebensjahr getroffen hast und die neuronal repräsentiert sind. Mit diesen Entscheidungen und Schlussfolgerungen beziehen wir uns auf die schon erwähnte Skripttheorie der Transaktionsanalyse.

Manche Menschen haben, trotz schwieriger Kindheit, ein erstaunlich gutes Fundament. Sie haben förderliche Entscheidungen getroffen, beispielsweise: „Wenn ich groß bin, werde ich eine intakte Familie haben." Viele Menschen haben jedoch ein Fundament mit kleineren und größeren Schäden. Diese verursachen immer wieder Risse in den Wänden des Energiehaushalts. Ist Dein Fundament instabil, sind auch die Wände anfällig für Risse, durch die unkontrolliert wertvolle Energie abfließt. In Bezug auf unser Alltagsleben kann sich das beispielsweise dadurch äußern: Verspannungen im Nackenbereich, viel grübeln, etwas eigentlich gar nicht so Wichtiges suchen, nach dem Schlaf immer noch nicht ausgeruht sein, keinen Hunger mehr verspüren oder arbeiten bis zum Umfallen.

Körperlich und geistig verschleuderst Du Energie. Diese Energie steht Dir damit nicht mehr zur Verfügung, was auf Dauer nicht gut geht. Deswegen glauben wir, dass es vorteilhaft ist, wenn wir als Hausbesitzer auch immer am

Fundament arbeiten und es ausbessern, falls wir instabile oder unpassende Stellen entdecken.

Indem Du Vergangenes wieder nach oben holst und es bearbeitest, kannst Du brüchige Stellen reparieren und damit Energie verfügbar machen, die vorher in unverarbeiteten Emotionen gebunden war. Solch eine Arbeit kann auch in Therapiegruppen stattfinden. Eine Möglichkeit zur Arbeit am Fundament ist beispielsweise die sogenannte „Innere-Kind-Arbeit". Bei dieser rekapitulierst Du Vergangenes, um es zu integrieren. Buchempfehlungen dazu findest Du unter www.TAplus.de/burnout-vorbeugen-buch.

Die Arbeit am Fundament stellt für uns Grundlagenarbeit dar. Sie erscheint nicht dringlich, ist aber langfristig gesehen wichtig.

- Deswegen empfehlen wir dir, von Zeit zu Zeit eine Auszeit zu planen, um Dich mit diesem Bereich zu befassen. Das kannst Du in Form von Seminaren oder einem Coaching tun.

- Du kannst aber auch mit Dir selbst arbeiten, beispielsweise mit einem täglichen Reflektions-journal. Eine Anleitung sowie Seminarvorschläge und Coachingangebote dazu findest Du ebenfalls unter: *www.TAplus.de/burn-out-vorbeugen-buch*.

Der Raum

Der Raum stellt die Bereiche Deines Lebens dar, die Du gezielt beeinflussen kannst. Du fühlst Dich sicher und geschützt. Ist der Raum größer, kannst Du Dich in einem größeren Bereich sicher bewegen. Er stellt Deine Komfortzone dar. Dein Raum kann vergrößert werden. Das bedeutet, dass Du Dich in einem größeren Radius sicher bewegen kannst. Das bedeutet aber nicht, dass deswegen auch die Energieversorgung besser funktioniert. Aber es kann mehr Energie aufgenommen werden als in einem kleinen Raum. Du kannst Dir vornehmen Deinen Raum zu vergrößern, damit er mehr Ressourcen aufnehmen kann und Du Dich in weiteren Bereichen Deines Lebens mit einem Gefühl der Sicherheit bewegen kannst.

- Deinen Lebens-Raum erweiterst Du, indem Du einen Ausbau schaffst, das heißt Deine Wohnung vergrößerst. Dies erreichst Du durch das Verschieben Deiner Wände (Siehe auch bei „Die Wände"). Neue Menschen, neue Arbeit, neue Umgebungen, neue Situationen eröffnen Dir neue Räume! Kurz: Dazulernen.

- Wände zu verschieben erfordert Aktivität und Mut. Auch hier haben wir wieder die paradoxe Situation, dass Du etwas einsetzen musst, von dem Du glaubst, dass Du zu wenig davon hast. Es ist aber **Befreiungsenergie** und keine verschleuderte

Energie, die nur den Status quo erhalten soll. Aber wenn Du diese Befreiungsenergie nicht einsetzt, wirst Du noch nicht einmal den Status quo erhalten können.

Die Wände

Sie bilden die Grenzen Deines Raumes. Hast Du jedoch Risse in Deinen Wänden, fließt mehr Energie ab als normalerweise. Diese fehlt Dir dann für Deine Bewusstseinsbildung.

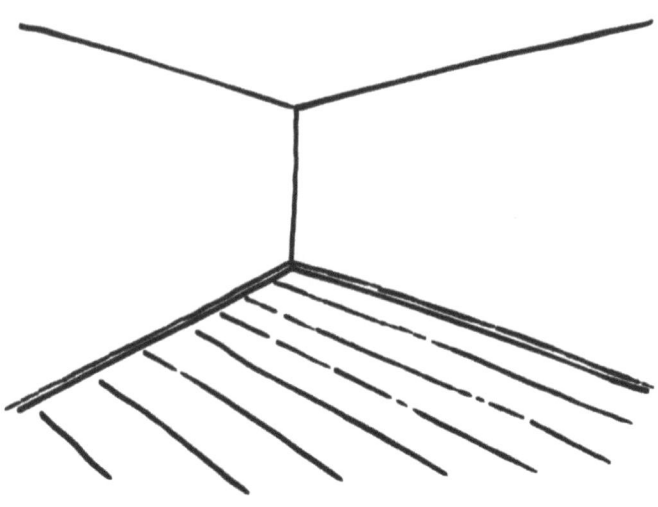

Deswegen ist es sinnvoll, Schäden zu erkennen und sie auszubessern. Kommst Du Deinen Wänden nahe - beispielsweise wenn Du Deine Grenzen erweitern willst - kann es sein, dass Du aufgeregt bist oder sogar Angst bekommst. Du kommst mit neuen Lebensbereichen in Kontakt, mit denen Du noch nicht sicher umgehen kannst. Darauf weist Dich Deine Angst hin. Insofern ist sie ein Signalgeber dafür, dass Du Neuland betrittst. Angst repräsentiert sich auch in einem Körpergefühl. Dein Puls wird schneller und Du verspürst vielleicht einen Druck in der Magengegend. Das ist zunächst nur ein Signal und ein Indikator, der Deine Aufmerksamkeit fordert. Bis dahin kann es eventuell nur eine gewisse Aufgeregtheit sein wie bei allem Neuen. Erst durch die Interpretation dessen können wir zu Angst wechseln und geben diesem Gefühl unangemessen viel Macht. Viele

Menschen haben gelernt, schon die Aufgeregtheit als etwas grundsätzlich Negatives zu interpretieren. Tatsächlich bekommst Du lediglich ein Signal: „Achtung - hier könnte es gefährlich werden! Hier hast Du keine Erfahrungswerte mehr!" Das ist sehr hilfreich, wenn Du Dich an einer steil abfallenden Klippe befindest. Das ist aber auch hilfreich, wenn Du zum ersten Mal einen Dir unbekannten Kurs oder ein Training besuchst. Denn Du erhältst neue und wertvolle Informationen, weil Du vielleicht noch nie an einem solchen Seminar teilgenommen hast. Vermeidest Du diese neue Erfahrung, bekommst Du auch keine Informationen darüber, ob Du damit klarkommst oder wo die Klippen sind.

Wenn Du Aufgeregtheit oder Angst bekommst, frage dich:

- „Ist die vorliegende Situation unkontrollierbar und existenziell bedrohlich oder bist Du im Begriff Neuland zu erkunden?" Ein vorsichtiges Vorgehen hilft. Und wenn Du Dir Entscheidungen nicht aus der Hand nehmen lässt, hilft das auch.

Die Türen

Türen sind die Bereiche Deines Energiehaushalts, durch die Energie abfließt. Es ist ganz natürlich und ein Ausdruck von Leben, dass wir Energie auch wieder abgeben. Das soll jedoch in Einklang mit unserem Wesen geschehen. Deswegen ist es gut für dich, wenn alle Türklinken an den Innenseiten Deiner Türen montiert sind. So hast Du die Kontrolle über sie und kannst selbst entscheiden, wann Du Dich öffnest und wie weit. Wenn Du Dich beispielsweise auf der Wiese bei Fitnessübungen auspowerst, öffnest Du bewusst eine Tür und es fließt Energie ab. Hast Du Dein Workout beendet, schließt Du Deine Tür und kannst erneut Energie in Deinem Raum ansammeln. Jedoch kommt es auch vor, dass andere Kombinationen von Klinken auftreten. Diese möchten wir Dir kurz vorstellen und Dir Möglichkeiten aufzeigen, Deine Klinken nach innen zu montieren.

Wenn **keine Klinke** an Deiner Tür angebracht ist, kann weder jemand von außen noch Du von innen diese Tür öffnen. Sie steht damit nicht bereit, um Energie fließen zu lassen. Das kann der Fall sein, wenn Du Dir beispielsweise einen Gefühlsausdruck wie Ärger nicht erlaubst. Kaum jemand kann Dich in dieses Gefühl einladen. Du selbst aktivierst es auch nicht. Du bleibst immer freundlich. Dadurch können gefährliche Stauungen in Deinem Energiehaushalt entstehen. Energie will aber fließen. Staut sie sich an, wird sie sich Wege suchen, um mit viel Druck zu entweichen. Manche Menschen bekommen Panikattacken, andere werden krank, wiederum andere entwickeln eine Depression.

Um eine Klinke zu installieren, kannst Du schauen, in welchen Lebensbereichen Du Dich zurückhältst. Ein erster Hinweisgeber dafür könnte Scham sein. Ein Kollege aus der Transaktionsanalyse, Rainer Thiele-Fölsch, sagte einmal: „Das Gefühl von Scham gibt es gratis dazu." Tue die Sachen, auf die Du Lust hast, obwohl Du Dich schämst. Das Interessante dabei ist: Wenn Du es tust, wird die Scham verschwinden. Es braucht ein wenig Zeit. Dann ist sie fort - für den Rest Deines Lebens. Gleichzeitig ist das Agieren gegen die Scham wie ein Training. Bis jetzt hat sie Dich davon abgehalten, das zu tun, was Du tun wolltest. Du betrittst Neuland. Deswegen darfst Du auch ruhig unbeholfen dabei aussehen und Dich unsicher fühlen.

Manchmal ist an einer Tür nur eine **Klinke von außen** angebracht. Dann haben andere die Kontrolle über die Tür, Du jedoch nicht. Das kann der Fall sein, wenn Du Dir eine Arbeit nach der anderen aufladen lässt und Dich nicht erfolgreich dagegen wehren kannst. Du selbst bleibst passiv. Das bedeutet, dass Du selbst noch keinen Beitrag zur Lösung des Problems leistest. Was es braucht, ist die Fähigkeit „Nein" zu sagen. Indem Du Grenzen setzt, tauschst Du die Klinke von außen nach innen. Das braucht Mut und die Bereitschaft „Nein" zu sagen. Auch entgegen jeder Scham und jedem inneren Widerstand.

Ähnlich verhält es sich, wenn **Klinken an beiden Seiten** der Tür angebracht sind. Jemand von außen kann Dich zu einem bestimmten Verhalten provozieren. Gleichermaßen kannst Du Dich auch für dieses Verhalten entscheiden. Beispielsweise wenn Du die Sticheleien eines Kollegen bis zu einem gewissen Punkt aushältst. Bei der nächsten Anspielung verpasst Du ihm eine Retourkutsche. Auch hier ist der entscheidende Punkt die Grenzziehung. Beobachte, welches Verhalten von anderen und welche Situationen Dich ungewollt Energie kosten. Demontiere die Klinke, indem Du „Nein" dazu sagst. Selbst wenn es zunächst noch ein unsicheres Nein ist. Häufig befürchten wir negative Konsequenzen. Das hält uns davon ab, dass wir für uns selbst einstehen. Diese Prüffragen können in einem solchen Fall hilfreich sein:

- Was ist das Schlimmste, das eintreten kann, wenn Du „Nein" sagst?

- Wie könntest Du damit umgehen, wenn das Schlimmste eintritt?

- Hast Du eine Klinke auf der Innenseite Deiner Tür installiert, besitzt Du die Kontrolle darüber, ob und wie viel Energie Du fließen lässt. Du kannst „Ja" sagen und Du kannst auch „Nein" sagen. Mit dieser Fähigkeit kannst Du Dich und Deinen Energiehaushalt in Balance halten. Die Fähigkeit, mit ganzem Herzen „Ja" zu sagen und mit ganzem Herzen „Nein" zu sagen, darf bei vielen Menschen noch entwickelt werden. Sie wird häufig durch negative Gefühle wie Scham manipuliert. Hinzu kommen schwarze Phantasien: „Was wohl die anderen über mich denken, wenn ich das mache?" oder „Mein Partner wird mich verlassen, wenn ich dazu Nein sage." Wir finden es gut, wenn Du für Dich sorgst und für Deine Bedürfnisse einstehst.

Die Fenster

Fenster sind wie ein Filter. Sie lassen unerwünschte Kälte und Wind draußen, lassen aber Wärme und Licht durch. Gleichzeitig ermöglichen sie Dir den Blick nach draußen. Du kannst die Welt sehen wie sie ist. Sowohl das Phantastische, die Kultur und das schöne menschliche Miteinander als auch das Destruktive und Feindliche. Der Blick nach draußen ist auch ein Blick auf neue Möglichkeiten und die Aussicht auf Gewolltes und Vermeidbares. Wenn Du in Arbeit versunken bist und gar keinen Blick mehr nach draußen wirfst, nimmst Du vielleicht die Funktion Deines Fensters gar nicht mehr wahr. Stattdessen bist Du verstrickt in Deinen Arbeitsbezügen, der Blick wird eng und es fehlt Dir die Weite.

Viele Menschen sind so beschäftigt, dass sie für die Fülle des Lebens scheinbar keine Zeit mehr haben. Doch der Ausblick ist für uns so wichtig wie die Luft zum Atmen. Der Blick aus dem Fenster ist der Ausblick auf die Vielfalt und die Möglichkeiten des Lebens.

- Nimm Dir Zeit, um aus dem Fenster zu schauen, und suche nach einem schönen Aspekt, den Du beobachten kannst.

- Reserviere Dir Zeit für den Austausch mit Freunden. Nach unserer Erfahrung haben Burnout-gefährdete Menschen häufig den Kontakt zu Freunden vernachlässigt oder gar schon verloren.

- Beschäftige Dich mit Themen, die Deine Existenz und den Sinn Deines Lebens skizzieren. Das Leben ist endlich und es wäre sehr schade, wenn Du Dich irgendwann fragen müsstest: „Soll das alles gewesen sein?"

- Sieh aus dem Fenster, nimm das Licht wahr und schaue auf „the bright side of life".

Der Thermostat

Der Thermostat steht für Dein Referenzgefühl hinsichtlich richtig und falsch. Er repräsentiert Deine Fähigkeit zur Reflexion und Regulation. Die meisten Menschen glauben, dass von Natur aus bei ihnen bereits alles richtig eingestellt ist. Doch das stimmt unserer Erfahrung nach nur selten. Er darf neu justiert werden, damit er für uns förderlich misst. Denn es kann sein, dass er Dir einen Raum voller Wärme (Energie) vorgaukelt, obwohl die Temperatur schon stark abgefallen ist.

Eine Klientin, etwa Mitte Fünfzig, erzählte einmal: „Ich kann mich nur gut fühlen, wenn ich am Tag viel geschafft habe." Ihr Gefühl zeigte nur „richtig" an, wenn sie produktiv war. Sie konnte sich erst Ruhe und angenehmeren Dingen zuwenden, sich etwas gönnen, wenn sie von der Arbeit ausgelaugt war.

Genauso kann Dein Thermostat für angemessenen Energiefluss beim Arbeiten zu Deinen Ungunsten messen. Glücklicherweise kannst Du Deinen Thermostat bewusst neu ausrichten. Das kannst Du tun, indem Du für Dich unbefriedigende Situationen hinterfragst. Diese Prüffragen könnten hilfreich sein:

- Gibt es Menschen, die Deine unbefriedigende Situation nicht haben?

- Was glauben diese Menschen über die Situation?

- Wie stellen sie das an? Was machen sie konkret?

- Was kannst Du tun, um die gleiche Haltung, den gleichen Glauben zu übernehmen wie die Menschen, die diese Situation für sich lösen können?

Indem Du noch unbefriedigende Situationen hinterfragst, hilfst Du Dir selbst, Deine bisher vielleicht unreflektierten Gedanken zu klären und sie neu auszurichten. Wir empfehlen Dir die Fragen schriftlich zu beantworten.

Eine andere Methode besteht darin, Dich selbst rückwirkend zu beobachten:

- Welchen Beitrag hast Du geleistet, damit es zu dieser unbefriedigenden Situation kommen konnte?

- Wie kannst Du das beim nächsten Mal verhindern?

- Bei welcher Auslösesituation sollte Dein innerer Thermostat Dir Hinweise geben?

Lass uns die Fragen anhand eines Beispiels durchgehen. Angenommen Du gerätst auf der Arbeit in Stress, weil Du zu viele Arbeitsaufträge erhältst.

- „Welchen Beitrag hast Du geleistet, damit es zu dieser unbefriedigenden Situation kommen konnte?"

  Du hast die zusätzliche Arbeit angenommen, obwohl Du bereits ausgelastet warst.

- „Wie kannst Du das beim nächsten Mal verhindern?"

  Du gibst Deinem Vorgesetzten zu verstehen, dass Du bereits mit bisherigen Arbeiten ausgelastet bist. Falls er darauf besteht, dass die neue Arbeit dennoch erledigt werden muss, weist Du ihn darauf hin, dass dann die bisherige Arbeit hinten anstehen wird. Du setzt eine Grenze, die Dir gut tut. Das ist langfristig gesehen das Beste für Deinen Arbeitgeber und für Dich. Denn mit gesunder Selbstfürsorge verhinderst Du ein Ausbrennen.

- „Bei welcher Auslösesituation sollte Dein innerer Thermostat Dir Hinweise geben?"

  Zum Beispiel: Dein Vorgesetzter fängt an, Dich auf diese spezielle Art und Weise zu loben, bevor er Dir eine neue Aufgabe überträgt.

Du schulst Deinen Thermostat, indem Du unbefriedigende Situationen nachträglich überprüfst und erkennst, an welchen Stellen Deine Entscheidungen zum negativen Ergebnis geführt haben. Dann kannst Du die

Situation mit den obigen Prüffragen hinterfragen. Das klärt Dein Gefühlsleben und gibt Dir Kraft, Dich neu zu entscheiden.

Du kannst entspannt bleiben, wenn Du Dich bei der nächsten unbefriedigenden Situation noch nicht so verhalten konntest, wie Du es Dir vorgenommen hast. Es braucht so gut wie immer ein wenig Umgewöhnungszeit und freundliche innere Stimmen, die Dich in dieser Zeit begleiten. Mit etwas Übung stellen sich die Erfolge immer schneller ein.

Die Energiequellen

Jetzt schauen wir, woher Du Energie beziehen kannst. Je mehr Energiekanäle Du aktivierst, desto mehr Energie fließt Dir zu. Psychische Energie kann von außen und von innen zugeführt werden. Du kannst innerhalb des Raumes Kerzen anzünden. Du kannst aber auch die Heizung mit Fernwärme aufdrehen.

An dieser Stelle möchten wir darauf aufmerksam machen, dass manche Menschen ihr Mehr an Energie dazu missbrauchen, sich noch mehr Arbeit für andere aufzuladen. Sie selbstoptimieren sich lediglich zugunsten der Produktivität eines Unternehmens oder einer Organisation. Mit solchem Verhalten steigst Du aber nicht aus der Negativspirale des Ausbrennens aus. Im Gegenteil: Sie wird befeuert.

- Willst Du aussteigen, nutze die Energie, um ein Bewusstsein für Dich, Deine Bedürfnisse und deren angemessene Erfüllung zu entwickeln.

Energiequellen von außen

Der wohl am einfachsten zu bedienende Kanal ist der **Kanal unserer körperlichen Bedürfnisse.** Wir essen, trinken und schlafen. Dadurch führen wir uns Energie zu. Doch unterschätzen wir häufig, wie stark die zeitweise Nichterfüllung unserer körperlichen Bedürfnisse unseren Energiehaushalt aus der Balance bringen kann. Viele Menschen reagieren gereizt, wenn sie hungrig, durstig oder müde sind. Deshalb ist es clever zu überprüfen, ob der Mangel an physischen Bedürfnissen auf Deine Psyche schlägt.

Menschen, die Burnout-gefährdet sind, haben häufig einen schlechten Zugang zu ihren Bedürfnissen. Sie merken den Hunger erst, wenn er riesig ist, und schlingen das Essen dann vielleicht sogar noch schneller in sich hinein. Oder sie arbeiten über ihre Grenzen hinweg, obwohl schon längst eine Pause angesagt wäre.

- Frage dich: „Sind meine Bedürfnisse weniger wichtig als die Bedürfnisse von anderen?"

- Sage dir: „Ich darf meiner Umwelt zumuten, dass ich zunächst meinem Bedürfnis folge."

- Teste, wie es Dir damit geht, wenn Du müde bist (oder ein sonstiges Bedürfnis hast), und Du Dich deswegen aus einer Gruppe verabschiedest.

Fazit: Bringe den Respekt, den Du anderen zollst, auch Dir selbst entgegen. Kümmere Dich um Deine Grundbedürfnisse, bevor sie die höchste Dringlichkeitsstufe erreichen. So vermeidest Du angespannte Situationen, die auf einem Mangel an Erfüllung Deiner Grundbedürfnisse beruhen, und bleibst mit Deiner Energie außerhalb einer kritischen Zone. Das ist gut für Dich und für Deine Umwelt.

Ein weiterer Kanal ist der **soziale Kanal.** Unsere Mitmenschen können uns Kraft und Energie kosten. Sie können uns aber auch Energie zuführen: Gemeinsam einen Spiele- oder Filmabend verbringen, schweigend am Lagerfeuer sitzen, Anteilnahme erfahren, zusammen durch Indien reisen.

Gemeinsame Erlebnisse können Bindung und Vertrauen schaffen. Freunde und Familie, die Dich im Notfall stützen, stellen eine großartige Ressource dar.

- Dein sozialer Kanal ist gut eingestellt, wenn Dich Begegnungen mit Deinen Mitmenschen bereichern, statt Dir Energie zu rauben.

- Du kannst manchmal nicht verhindern, dass Du es auch mit Energievampiren zu tun bekommst. Aber Du kannst Deine Interaktionen mit ihnen auf ein Minimum beschränken. Du kannst ihnen, wo immer dies möglich ist, aus dem Weg gehen.

Bei Menschen, bei denen wir uns frei entscheiden können, ob wir mit ihnen Kontakt haben wollen, kannst Du schauen, ob sie Dir gut tun oder nicht. Es geht nicht gleich darum, Deine Freunde abzusägen, wenn Dich ein Aspekt an ihnen nervt. Es geht darum, zu schauen, ob sie Dir grundsätzlich gut tun oder ob Du langfristig zu viel Energie im Umgang mit ihnen verbrauchst. Manche Freunde benutzen Dich auch als emotionalen Mülleimer. Das kannst Du stoppen.

Wertschätzung ist der Turbolader für Energie. Oftmals geraten Menschen in einen Burnout, die nicht genügend Anerkennung für ihre Arbeit finden. Diese Anerkennung kannst Du auch für Dich einfordern. Beispielsweise indem Du Deinen Vorgesetzten bittest: „Herr Müller, ich möchte Sie bitten, mir einmal nur die Eigenschaften und

Arbeitsleistungen zu nennen, die Sie an mir schätzen. Kritische Aspekte können Sie mir gern ein andermal nennen." Bleibt die gewünschte Energiegabe aus, kannst Du durchaus nachsetzen: „Herr Müller, mir fehlt die positive Beachtung meiner Leistung. Ich könnte ab und zu ein anerkennendes Wort von Ihnen gut gebrauchen."

Zeit für Muße ist ein unterschätzter Kanal für Energiezufluss. Es ist freie Zeit, in der Du Deinen Interessen nachgehen kannst. Im Gegensatz zum Alltagsleben steht hier nicht das produktive Schaffen im Vordergrund, sondern eher ein erfüllendes Dasein im Moment. Das kann während des Hobbies sein oder auf der Couch beim Lesen eines Buches. Wir Menschen sind Rhythmuswesen. Zu jeder Anspannung gehört auch Entspannung. In der Entspannung sammeln wir Kraft für eine neue Anspannung. Muße lädt unsere Batterien auf.

- Da der Alltag vieler Menschen mit Terminen vollgestopft ist, empfehlen wir Dir, einmal pro Monat einen ganzen Tag Auszeit einzuplanen. Trage ihn Dir in Deinen Terminkalender ein. Das kennst Du doch: Nur was im Terminkalender steht, hat eine Chance, dass es stattfindet. An diesem Tag lebst Du einfach einmal ins Blaue hinein und tust das, worauf Du gerade Lust hast, frei von jeglichen Terminen, Verpflichtungen und Planungen.

Energiequellen von innen

Der innere Dialog

Wir alle führen ihn. Die Art und Weise unterscheidet sich jedoch qualitativ.

- Gelingt es Dir, Deine inneren Dialoge zu belauschen?

- Höre in Dich hinein, wenn Dir etwas runtergefallen ist oder Du etwas umgeworfen hast.

- Unterscheiden sich die Formulierungen von den Formulierungen wie Du sie in Deiner Kindheit von Deinen Eltern gehört hast?

- Machst Du Dich in speziellen Situationen manchmal selbst zur Schnecke?

- Wie denkst Du in Stresssituationen über Dich selbst?

Steffen hatte gerade wieder eine Situation, in der er sich selbst beobachten konnte. Er war auf dem Weg zu einem Flug und ist aus Versehen in eine falsche Bahn gestiegen. Hinzu kam, dass sein Flieger eine halbe Stunde früher startete als gedacht. Er dachte sich: „Ich Idiot!" Dann erinnerte er sich daran, dass er Herr über seinen inneren Dialog ist. Er entschied sich für einen neuen Umgang mit sich selbst. Er wog seine Optionen ab und leitete das Nötige ein, um einen anderen Flieger bekommen zu können. Aber er machte sich nicht mehr nieder. Er sagte zu sich: „Sowas passiert einfach mal. Das ist zwar nicht schön, aber ich werde nicht sterben oder etwas Wesentliches im Leben verpassen." Dann schaffte er wider seinen Erwartungen den Flieger doch noch. Die ganze Geschichte kannst Du hier lesen: www.TAplus.de/burnout-vorbeugen-buch

Der innere Dialog ist unserer Erfahrung nach ein wesentlicher Bestandteil dessen, wie Du Dich fühlst und wie Du mit Dir selbst umgehst. Die meisten Menschen sind sich nur halb bewusst, dass sie innerlich mit sich sprechen. Doch nur wenige Menschen beobachten oder verändern gar ihren inneren Dialog bewusst. Bei vielen ist dieser Kanal unvorteilhaft justiert. Sie machen sich selbst nieder, verurteilen sich und sprechen mit sich selbst in einer Art und Weise, wie sie es sich bei keinem anderen Mitmenschen trauen würden.

- Ist dieser Kanal im Gegensatz dazu wohlwollend ausgerichtet, dann wirkt Deine innere Stimme unterstützend und aufbauend.

- Der erste Schritt ist, Dir darüber bewusst zu werden, wie Du mit Dir selbst in Gedanken umgehst.

- Du könntest darüber ein Journal führen. Wie Du das machst, erfährst Du hier: www.TAplus.de/burnout-vorbeugen-buch. Sobald Du Dir darüber bewusst bist, wie Dein interner Dialog aussieht, in welchen Situationen Du besonders rüde mit Dir bist und wann nicht, kannst Du anfangen, etwas zu verändern.

- Du könntest Dir einen neuen inneren Dialog für eine schwierige wiederkehrende Situation zurechtlegen: „Was würde mein Vorbild in dieser Situation zu mir sagen?" Dein Vorbild kann eine reale Person sein oder auch eine erfundene Figur. Manche nehmen eine weise Person aus ihrem

Leben, andere nehmen Buddha, Steffen nimmt oft Meister Yoda aus dem Film Star Wars, Bernd führt Dialoge mit seinem verstorbenen Großvater.

Wenn Dir bewusst wird, dass Du wieder einmal strenger mit Dir bist als jeder Richter, dann stoppe dies. Ersetze den alten Dialog durch einen neuen und handle danach. Es kann sein, dass es am Anfang noch nicht sofort klappt. Es kann sogar sein, dass Dir das falsch vorkommt. Du stößt vielleicht an hinderliche Glaubenssätze. Gib Dir Zeit. Dein Gehirn lernt um. Einmal umgelernt, stehen Dir freundliche innere Dialoge zur Verfügung. Diese Arbeit lohnt sich.

Gefühle sind für viele Menschen eher eine unberechenbare Angelegenheit als ein förderliches Instrument der Lebensgestaltung. Ist dieser Kanal gut funktionsfähig, liefert er Dir wertvolle Informationen über Dich und Deine Umwelt und bringt Dich mit anderen in Kontakt. Trauer lädt beispielsweise andere Menschen zur Anteilnahme ein. Freude bringt Dir Sympathien. Mit Ärger kannst Du Dich abgrenzen. Angst zeigt Dir, wo Deine Grenzen sind, und schützt Dich vor Gefahren.

Was kannst Du tun, um Deine emotionale Bewusstheit zu steigern?

- Du kannst hinfühlen. Bleibe nicht im Denken stecken! Wenn man einem Klienten die Frage stellt: „Was fühlst Du?", kommt oftmals als

Antwort: „Ich denke, ich sollte mich nicht…".
Automatisch wird der Denk-Kanal aktiviert.
Interveniert man dann und fragt explizit nach
Angst, Trauer, Ärger oder Freude, kommt
tatsächlich ein Zugang zu Gefühlen zustande.
Indem Du Dich in Kontakt mit Deinen Gefühlen
bringst, fangen diese bereits an, sich zu
verändern. Beobachtest Du sie weiter, lösen sich
unangenehme Gefühle oftmals einfach auf.

Vielen Menschen ist nicht bewusst, dass ihren
Handlungen immer ein Gefühlsimpuls vorausgeht. Sie
nehmen etwas wahr und glauben daraufhin, handeln zu
müssen. Das vorausgehende Gefühl ist noch dem
Bewusstsein entzogen. Es ist automatisiert. Häufig sind
die Ergebnisse eines solchen Handelns nicht förderlich
Ein wichtiger Indikator fehlt, der Dir Hinweise gibt, was
eine gute Handlung sein könnte.

Doch glücklicherweise können wir uns den automa-
tisierten Ablauf bewusst machen und ihn dann
verändern.

Wenn Du Deine Gefühle beobachtest, kannst Du sie wie
Dein eigenes Kind betrachten. Sei einfach nur da für das
Gefühlskind und beobachte es verständnisvoll. Das
reicht. Kinder finden Trost durch Anteilnahme. So auch
Dein Gefühl. Beide brauchen keine Besserwisser à la „Sei
nicht traurig." oder „Stell Dich nicht so an." Beide
regulieren sich selbst, wenn Du ihnen Zeit und Raum

gibst. Tatsächlich stammen viele unserer negativ empfundenen Gefühle aus unserer Kindheit. Es sind unverarbeitete Gefühle, die Beachtung finden wollen. Erhalten sie diese, verlieren sie ihre Bedrohlichkeit. Sie werden zu wichtigen Hinweisgebern für kluge Handlungen.

Manchmal ist es jedoch so, dass sich durch Beobachtung und Zulassen der Gefühle der Bedrohungscharakter verschlimmert. Das ist ein gutes Zeichen. Du bist in Kontakt mit dem vollen Ausmaß des Gefühls. Es ist wie bei einer Wunde. Während der Säuberung wird der Schmerz zunächst größer. Aber er ist unumgänglich, um die Heilung herbeizuführen. Der Weg hindurch ist der Weg hinaus.

Manche Menschen denken, dass sie von ihren Gefühlen überwältigt werden, weil sie sich so heftig anfühlen. Sie glauben, dass sie die Kontrolle verlieren und von Gefühlen so überschwemmt werden, dass sie nicht mehr handlungsfähig sind. Da können wir Dich beruhigen. Das wird nicht passieren. Deine Einschätzung in Bezug auf die Mächtigkeit Deiner Gefühle stammt auch noch aus Kindheitstagen. Heute bist Du erwachsen und hast Fähigkeiten und eine Sichtweise, wie Du sie als Kind noch nicht hattest.

Du besitzt heute die Fähigkeit, die Intensität Deiner Gefühle zu regulieren. Du kannst steuern, wie viel Du Dir zumuten willst, wann es Dir zu viel wird oder wann es unpassend ist. Es kann sein, dass Du vorübergehend in einen sensiblen Zustand gerätst und Dich die „neuen" Gefühle irritieren. Du wirst aber auch erleben, dass Du Dich lebendiger fühlst und dass das Leben breiter und bunter wird.

Rituale und Routinen sind Stabilisatoren Deines Gebäudes. Sie dienen der Sicherheit. Oder, im übertragenen Sinne, Deinem Sicherheitsgefühl. Ein Ritual hat den Vorteil, dass Du nicht noch zusätzliche Energie investieren musst, um den Ablauf jedes Mal neu zu erfinden. Alle Alltagsgewohnheiten sind ritualisierte Abläufe. Sie tun Dir gut, und das bei minimalstem Aufwand. Zähneputzen, Duschen, gemeinsames Essen, geregelte Tagesstruktur, Geburtstage, Weihnachten, wiederkehrende Feste, Trauerfeiern. All das befriedigt Dein Bedürfnis nach Orientierung und Struktur und bedient Dein Bedürfnis nach Sicherheit im Leben. Am deutlichsten wird dieses Bedürfnis bei alten Menschen. Sie leben einen stark ritualisierten Ablauf der Tage, Wochen, Monate und Jahreszeiten. So bedient das Ritual das Sicherheitsgefühl. Am nächsten Tag wird genau das passieren, was schon immer war. Genauso in den nächsten Wochen usw. Das Leben wird - scheinbar - vorhersehbar und lenkt von beängstigenden Gedanken gegen Ende des Lebens ab.

Ein Zuviel an Ritualen kann das Leben erstarren lassen. Richtig dosiert sind sie wichtig für die Stabilität.

- Prüfe, wie viele Rituale Du Dir gönnst.

- Hast Du schon welche wegfallen lassen? Bleiben Gewohnheiten auf der Strecke, weil Du nur noch mit dem Abarbeiten eines Berges beschäftigt bist?

- Hast Du ein festes Ritual, das Dir das Ende Deines Arbeitstages signalisiert, und hältst Du Dich auch daran, sodass Du nach dem Ende nicht doch wieder arbeitest? Wenn Du kein Ritual für das Arbeitsende hast, schaffe Dir eines. Verknüpfe es mit dem festen Willen, nicht wieder in Arbeit einzusteigen, auch nicht gedanklich.

Du kannst Deinen Ritualen etwas Frisches beimischen. Es könnte ja sein, dass Du bedingt durch den geringen Aufwand bei Ritualen gedanklich schon bei der Arbeit bist. Um dies zu umgehen, könntest Du dem konkreten Geschehen wieder mehr Aufmerksamkeit zukommen lassen. So könntest Du beim Duschen das warme Wasser genießen, beim Zähneputzen die minzige Zahnpasta schmecken, beim Ritual zum Arbeitsende das Abfallen der Last des Tages spüren.

Auch „Pausen machen" kann ritualisiert werden. Gestalte dies, wie es für Deine Situation am besten passt. Als Anregung folgende Beispiele:

- Stelle Deinen Alarm nach eineinhalb Stunden Arbeit. Gehe ans Fenster oder ins Freie und atme fünfmal tief ein und aus.

- Gehe Treppen oder Wege mit schnellen Schritten und konzentriere Dich auf Deine Atmung.

- Trinke ein Glas Wasser oder Tee.

- Rede eine kurze Weile mit einer Person.

- Beende die Pause mit einem Gefühl für die genussvolle Erholung.

Am wichtigsten ist aber, dass Du keine Rituale und Routinen dem „immer mehr"-Arbeiten und „immer noch"-Arbeiten opferst.

Entscheidungskraft: Ob Du es willst oder nicht, Du entscheidest Dich ständig. Selbst wenn Du den Dingen ihren Lauf lässt. Du entscheidest, passiv zu bleiben. Dabei spielt es dann keine Rolle, ob das Ergebnis gut für Dich ist oder nicht. Da Du an dem Geschehen rund um die „nicht getroffene Entscheidung" nicht aktiv mitgewirkt hast, kannst Du die Abläufe allenfalls als Schicksal begreifen. Du warst ja scheinbar nicht beteiligt.

Viele Menschen haben Angst sich zu entscheiden, weil sie fürchten Fehler zu machen. Doch damit setzen sie einen Teufelskreis in Gang, der in einer Abwärtsspirale münden kann. Indem Du Dich für die Passivität entscheidest, bekommst Du keine Rückmeldung von Deiner Umwelt. Indem Du keine Rückmeldung von Deiner Umwelt bekommst, kannst Du nicht beurteilen, ob Deine Entscheidung zweckmäßig war oder nicht. Damit verwehrst Du Dich einem wichtigen Erfahrungswert für die nächste Entscheidung. Du warst passiv und bleibst passiv.

Triffst Du jedoch aktiv notwendige Entscheidungen, wirst Du Feedback erhalten und kannst darauf aufbauend immer bessere Entscheidungen treffen. Das wiederum reichert Deinen Energiehaushalt an.

Wir werden uns anschauen, wie Du Entscheidungen treffen kannst.

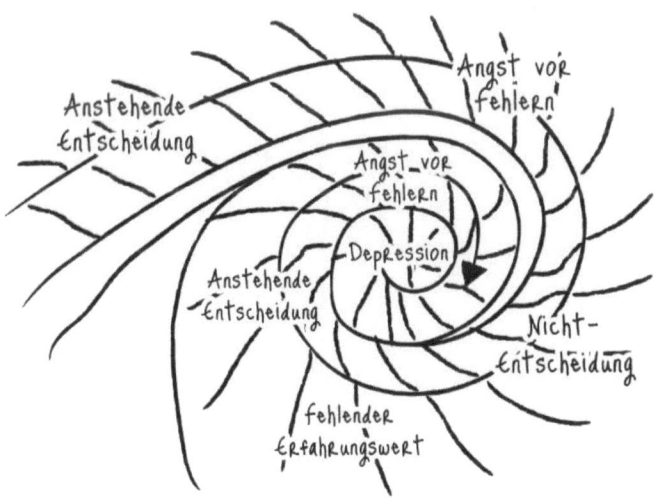

Um Deine Entscheidungskraft zu stärken, möchten wir Dir ein Modell von Paul Dobransky aus seinem Buch „Mind OS" vorstellen. Es besagt, dass jede getroffene Entscheidung zu psychologischem Wachstum führt, egal ob es eine schlechte Entscheidung war oder eine gute. Der Vorteil jeder aktiv getroffenen gegenüber einer passiven Entscheidung ist, dass Du eine Rückmeldung darüber erhältst, wie gut Du entschieden hast. Triffst Du eine Entscheidung, die Dich weitergebracht hat, hast Du eine wertvolle Erfahrung für die Zukunft gemacht. Triffst Du eine Entscheidung, die Dich nicht weitergebracht hat, hast Du ebenfalls eine wertvolle Erfahrung für die Zukunft gesammelt.

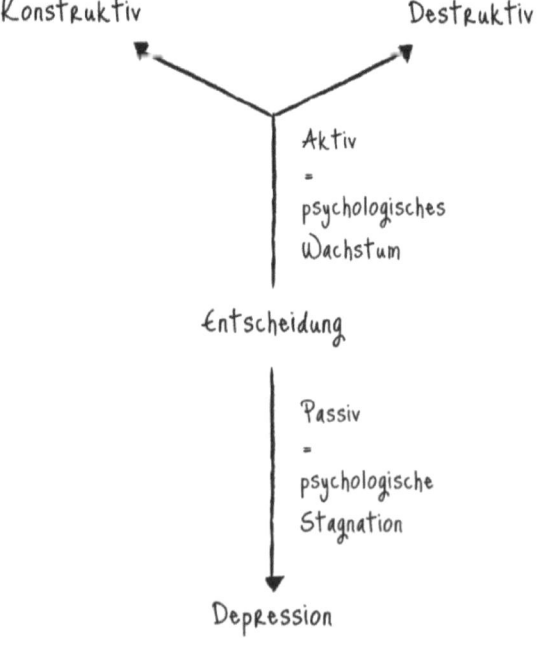

Bei Entscheidungen, die Du nicht triffst, erklärst Du Dich zum Spielball und fühlst Dich entsprechend dem Schicksal ausgeliefert. Auf Dauer kann das zu Depressionen führen. Du weißt ja bereits, dass der Burnout von der Fachwelt auch als Erschöpfungsdepression bezeichnet wird. Menschen mit Depressionen treffen häufig keine Entscheidungen.

Als nächstes möchten wir Dir ein Angebot machen, wie Du Deine Angst vor falschen Entscheidungen reduzieren kannst.

Einer der stärksten Impulsgeber für Lernen ist der Fehler.

Die Wissenschaft gewinnt einen Großteil ihrer Erkenntnisse aus Experimenten, die oftmals nicht das gewünschte Ergebnis bringen. Diese Fehler sind Teil des Geschäfts und bringen ständig neue Erkenntnisse darüber, wie etwas nicht funktioniert. Es wird so lange experimentiert, bis das gewünschte Ergebnis zustande kommt. „Trial and Error" oder „Fail forward" (Eric Ries) lautet die Devise von erfolgreichen Unternehmen.

Auch Du könntest so lernen. Menschen mit einer Burnout-Symptomatik haben oft große Angst davor, eine Entscheidung gegen etwas zu treffen und nein zu sagen. Stell Dir vor, Dein Chef oder ein Freund kommt auf Dich zu und möchte, dass Du Erledigungen für ihn übernimmst. Wir sind uns sicher, dass Du rückblickend in der Lage bist zu spüren, dass in diesem Moment etwas in Dir vorgeht. Du spürst, dass das eine Belastung für Dich wird. Gewohnheitsgemäß hältst Du den Impuls „nein" zu sagen zurück. Das kostet Dich Energie. Auch wenn Du das durch häufige Übung kaum spürst. In der Transaktionsanalyse nennen wir das „Passivität". Allerdings haben wir eine etwas andere Definition von Passivität als das, was allgemeinsprachlich üblich ist:

Passivität ist Energie, die eingesetzt wird, um Lösungen zu verhindern.

Die Angst vor den Folgen, wenn Du nein sagst, ist größer als die Angst vor den Folgen, wenn Du ja sagst. Allerdings bleibst Du damit auch in Deinem passiven Muster und musst weiter aushalten, was von Dir erwartet wird. Du passt Dich den Erwartungen an, die an Dich gerichtet sind, und wirst es auch weiterhin tun. Das ist keine Lösung. Das bleibt solange so, bis Du Deinen ganzen Mut zusammennimmst und Dir die Erfahrung holst, was denn überhaupt passieren kann, wenn Du einmal nein sagst.

Die Ideen und Gefühle, was passieren könnte, wenn Du nein sagst, stammen aus Deinen Kindertagen. Sie sind unrealistisch und aufgebläht. Damals hattest Du noch nicht die Mittel zu widerstehen und musstest Dich anpassen. Heute sind Deine Mittel andere, nur die Angst ist noch die von damals.

- Sei mutig und widerstehe. Lerne aktiv nein zu sagen! Du wirst die Erfahrung machen, dass Dir das Respekt einbringt.

- Lass es nicht darauf ankommen, dass Du irgendwann zusammenbrichst und - nur wenn Du Glück hast - Dich ein Arzt aus dem Verkehr zieht.

- Hole Dir Unterstützung für Deinen neuen Nein-Sagen-Weg bei Freunden und/oder der Familie.

Klar Nein zu sagen ist einer der schnellsten Wege, Deine Entscheidungskraft zu stärken und somit Energie zu sparen und anzureichern.

Ob Dein Weg in Richtung Burnout führt, hängt davon ab, ob Du mehr Energie verbrauchst als Du Dir zuführst. Ein wesentlicher Energiefaktor, auf den wir nun genauer eingehen wollen, sind die unbewussten Automatismen, die wir im Titel „geheime Energieräuber" genannt haben.

5. Deine inneren Antreiber

In diesem Kapitel stellen wir Dir ein psychologisches Konzept vor, dessen Dynamiken massenhaft Energie verbrauchen. Gerade wenn es eng und stressig wird. Es zeigt Dir Wege auf, wie Du diese Dynamiken positiv wenden kannst, damit Du Erschöpfung und Burnout vorbeugst. Hast Du die Energieräuber erst einmal in Dein Bewusstsein geholt und umgewandelt, sind sie wie ein hilfreiches Werkzeug im Haushalt, das Dich in vielen Lebenslagen unterstützt. Es umfasst Deine Erinnerungen, Deinen inneren Dialog, Deine Fähigkeiten, Deine Haltungen und Gedanken, Dein Gefühlsleben und Deine Gewohnheiten. Schauen wir uns dieses mächtige Konzept einmal genauer an.

Du erinnerst Dich sicher noch an André, Lisa, Herrn Wegmann, Lasse und Andrea.

Diese Fünf haben wir ausgewählt, um zu demonstrieren, wie sich Antreiberverhalten in einer Alltagssituation (vormittags im Büro) zeigen könnte.

Die Konzeptualisierung und erste Beschreibung der Antreiber stammt von Taibi Kahler (1977). Durch Verhaltensbeobachtungen hat er herausgefunden, dass Menschen dazu neigen, bestimmte Verhaltensgewohnheiten lieber und häufiger einzusetzen als andere. Eine modernere Interpretation des Antreiberverhaltens findest Du bei Günther Mohr: Resilienz-Coaching.

Im Alltag ist dies für die meisten Menschen leicht zu erkennen. Sie sprechen dann aber nicht von Antreibern, sondern eher von einem Typus: „Das ist so ein Strahlemann. Der ist ein Perfektionist. Sie ist eine Hektikerin usw."

Fast immer werden die beobachtbaren Verhaltensweisen, die aus den Antreibern resultieren, als positive Eigenschaften in Begegnungen wahrgenommen. Auch die „Träger" dieser Eigenschaften selbst nehmen sie positiv wahr. Für sie sind es deshalb positive Eigenschaften, weil sie dazu schon häufig positive Rückmeldungen von ihren Freunden und Bekannten erhalten haben.

Lass uns beim Beispiel des immer freundlichen Mitmenschen bleiben: (Antreiber - „Sei gegenüber anderen freundlich und gefällig!"). So legt uns die Lebenserfahrung nahe, dass dieses Verhalten zwar oft passend ist, dass es aber mit Sicherheit auch Situationen gibt, wo dieses Verhalten unpassend oder sogar schädlich ist. Wenn dem „Immer-freundlich-und-gefällig-Typus" z. B.

- etwas weggenommen wird,

- er eigentlich etwas nicht so recht will,

- er schon genügend zu tun hat,

- ihm jemand gegenüber Grenzen überschreitet

- oder ihm gegenüber unverschämt wird,

müsste er andere Verhaltensweisen an den Tag legen. Und genau an dieser Stelle wird es problematisch: Zur Abwendung des konflikthaften Geschehens setzt dieser Typus immer und immer mehr seine bisherige freundliche und nette Art ein. „Viel hilft viel." Obwohl er immer mehr Freundlichkeits-Energie einsetzt, bleibt der erhoffte Erfolg aus. Jemand, der unverschämt ist, fühlt sich eher dazu ermutigt, noch unverschämter zu sein, anstatt zu merken, dass er eine Grenze überschritten hat: „Mal sehen, was da noch rauszuholen ist."

A. Wie kommt es zum Energieraub?

Wenn Kinder ihre Sprache und dabei ihre neuronalen Strukturen und Systeme entwickeln, spielen Wiederholungen eine wichtige Rolle. Im Regelfall sind die Eltern und die nahen Familienangehörigen wie Geschwister oder Großeltern die ersten Bezugspersonen.

Das Überlebensprinzip, mit dem Babys, Kinder und auch Erwachsene ausgestattet sind, lautet **Sicherheit.** Zwei Grundbedingungen sind für dieses Sicherheitsbedürfnis Voraussetzung:

1. Die Notwendigkeit, in einer sozialen Gruppe Platz zu haben und geborgen zu sein,

2. verlässliche Abläufe und Strukturen im Verlauf der Zeit geboten zu bekommen.

Bei Ersterer ist die wichtigste Bedingung, überhaupt wahrgenommen zu werden. Wir wollen Beachtung finden. Eine der schlimmsten Erfahrungen für ein Kind (das gilt übrigens auch für Erwachsene) ist es, wenn die Bezugspersonen und Beteiligte sich so verhalten, als wäre es gar nicht da. Jedes Kind ist angewiesen auf Beachtung. „Übersehen zu werden" ist eine schlimme Verletzung.

Manche Kinder entdecken bei einem Mangel an Beachtung, dass es möglich ist, Beachtung zu erzwingen. Es ist für sie ein Leichtes herauszufinden, was die Eltern auf die Palme bringt. So bekommen die Kinder wenigstens Beachtung in Form von Strafen. Dieser Mechanismus kann lebenslang beibehalten werden oder bei einem neu auftretenden Mangel an Beachtung wieder aktiviert werden. So können wir manchmal in Teamentwicklungsprozessen beobachten, wie Führungskräfte mit ihrer Aufmerksamkeit intensiv bei problembehafteten Mitarbeitern sind, während die unproblematischen und selbständig performenden Teammitglieder ohne Beachtung bleiben. Solange, bis sie sich durch einen Fehler oder ein Problem Aufmerksamkeit erzwingen können. Dieser Vorgang findet meistens unbewusst statt.

Im Normalfall bekommt ein Kind ausreichend positive Beachtung:

- Es wird genährt, wenn es Hunger hat.

- Es wird getröstet, wenn es weint oder traurig ist.

- Es wird geschützt, wenn es sich bedroht fühlt.

Zuwendung zu bekommen ist der sicherste Beweis, aufgehoben und in einer Gemeinschaft gehalten zu sein.

Der zweite Aspekt besteht darin, verlässliche Strukturen vorzufinden. Er bedient gleichermaßen das Sicherheitsbedürfnis. Spätestens dann, wenn ein Kind ein Zeitgefühl entwickelt hat, taucht das Bedürfnis auf zu wissen, wie es weiter geht. Was passiert in einer Stunde, was morgen, was, wenn ich groß bin usw.

Gleichartig wiederkehrende Situationen in nicht allzu großen Zeitabständen stärken das Gefühl, verlässlich in die Zukunft blicken zu können.

Das abendliche Ritual des Vorlesens, regelmäßige Mahlzeiten, Morgenrituale usw. sind Beispiele für diese strukturgebenden Abläufe. Sie geben einem Kind Orientierung und Sicherheit im Zeitverlauf.

Den beiden Aspekten des Sicherheitsbedürfnisses gegenüber steht ein Hunger nach Anregung, Stimulation und Erregung. Unser Nervensystem funktioniert nicht ohne Anregung. Es bricht zusammen, wenn man einem Menschen diese Anregung entzieht. Beispielsweise kann das bei langen Krankenhausaufenthalten oder Inhaftierung der Fall sein. Dieser Zustand wird Hospitalismus genannt. Auch als Foltermethode ist dieses Phänomen bekannt. Es ist Folter für Menschen, wenn man ihnen den Hell-Dunkel-Rhythmus (Dunkelhaft), Geräusche und Bewegung entzieht. Dadurch kann man Menschen in den Wahnsinn treiben.

Im konkreten Erlebensbereich eines Kleinkindes spielen spezifische Bedingungen eine prägende Rolle: Stell Dir vor, Du wirst als **drittes Kind** geboren. Du bist ein Mädchen und Du findest eine sechs Jahre ältere Schwester und einen drei Jahre älteren Bruder vor. Beide haben die Bedingungen für ein Höchstmaß an Zuwendung schon herausgefunden und sie haben sich ihren Platz in der Familie eingerichtet. Da sie unterschiedlichen Geschlechts sind, war das gar nicht so schwer. Beide sind sehr aktiv und manchmal für die Eltern etwas anstrengend. Die Schwester ist das quirlige Mädchen und der Bruder der lausbubenhafte Junge. Jetzt kommst Du dazu.

Welche Rolle bleibt Dir oder wird Dir angeboten?

Du merkst, dass Deine Mutter froh wird, wenn Du nicht so anstrengend bist wie Deine Geschwister, nicht so draufgängerisch wie Dein Bruder und schon gar nicht so quirlig wie Deine Schwester, sondern eher pflegeleicht und brav. Man kann Dich sogar ohne Bedenken für ein paar Wochen zu Oma geben, weil Du ja so gut zu haben bist. Es kommt noch ein Geschwisterkind nach Dir. Ein Junge, der häufig kränklich ist. Er zieht auch noch einiges an Aufmerksamkeit auf sich. Die Eltern betreiben Landwirtschaft und sind mit ihrer Aufmerksamkeit im Wesentlichen bei ihrer Arbeit.

Du lernst, dass Deine Eltern nicht alles mitbekommen, was Dir widerfährt, oder es nur beiläufig kommentieren. Wenn Du in beängstigenden Situationen bist, musst Du schauen, wie Du alleine zurechtkommst. Wenn Du den Impuls hast, wütend zu sein, weil Du ungerecht behandelt wurdest, musst Du dieses Gefühl unterdrücken. Denn die Momente, in denen Du

Beachtung und Zuwendung erfährst, sind die, wo Du pflegeleicht, ruhig und brav bist. Also entwickelst Du die Fähigkeit, Gefühle zu unterdrücken. Insbesondere die Wut und das Angstgefühl. Stattdessen zeigst Du Dich tapfer, stark und unerschütterlich.

Diese Fähigkeit verfestigt sich in Deinem Nervensystem als automatisierte Verhaltensrichtlinie und sie wird für Dich normal. Du kannst nichts Auffälliges an Dir entdecken.

Diese Fähigkeit, emotional kontrolliert zu sein, wird in vielen Bereichen der Gesellschaft sehr geschätzt. So z.B. bei Rettungssanitätern, Juristen und Führungskräften - um nur einige zu nennen.

Du sagst unbewusst zu Dir selbst: „Wenn Du Zuwendung und Anerkennung willst, dann sei immer cool und stark." Gerade in Situationen, in denen Du selbst in Bedrängnis bist und es Dir besonders wichtig ist, Dein Sicherheitsgefühl wiederzuerlangen, wird sich der „Sei stark!"-Antreiber besonders stark in Deinem Denken, Fühlen und Verhalten ausdrücken. André lässt grüßen.

André

Hinter unserem Handeln stecken also verinnerlichte elterliche Haltungen und Erwartungen, die Du Dir zu eigen gemacht hast. Die inneren Antreiber zeigen sich als unbewusste Automatismen, die unser Denken, Fühlen und Verhalten bestimmen.

Die Transaktionsanalyse kennt fünf Antreiber:

- *Sei immer perfekt!* Entspricht Hr. Wegmann mit seinem korrekt sitzenden Anzug und seinem pünktlichen Sitzungsbeginn

- *Sei (anderen) immer gefällig!* Entspricht Lisa, der guten Seele der Abteilung

- *Streng Dich immer an!* Entspricht Lasse mit seinen ständigen Sorgenfalten auf der Stirn

- *Sei immer stark!* Entspricht André, der sich seinen Stress nicht anmerken lässt

- *Beeil Dich immer!* Entspricht Andrea, die ständig noch Aufgaben erledigt

Im Grunde genommen repräsentieren sie auch positive Eigenschaften wie:

- Genauigkeit und Fehlerlosigkeit (Sei perfekt!)

- Freundlichkeit und Liebenswürdigkeit (Sei anderen gefällig!)

- Gründlichkeit und Durchhaltevermögen (Streng Dich an!)

- Stärke und Unabhängigkeit (Sei stark!)

- Schnelligkeit und die Fähigkeit, Chancen zu nutzen (Beeil dich!)

Das Konzept der Antreiber beschreibt ein übertriebenes, gelegentlich unpassendes Ausleben dieser Eigenschaften. Wir machen unser Ok-Sein vom Einhalten dieser Antreiber abhängig. Auf diese Weise geht aber der positive Zweck, den sie auch haben, verloren. Du schießt über ein vernünftiges Maß hinaus.

Je nach Ausprägung beeinflussen uns die Antreiber enorm, vor allem das Verhalten und das Erleben. Gerade in Stress- oder Konfliktsituationen werden sie unpassend aktiv. Dann kann die ganze Denk- und Ausdrucksweise von ihnen geprägt sein.

Sie können sogar so mächtig sein, dass sie beinahe jede Äußerung eines Menschen bestimmen oder zumindest färben können, seien es:

- Sprache

- Körperhaltung

- Gesichtsausdruck

- Verhalten gegenüber anderen

- Die Art, wie an Dinge herangegangen wird

Nach Kahler sind alle Antreiber in jedem Menschen eingeprägt. Jeder von uns weist Verhaltensweisen auf, die jeweils einem der fünf Antreiber zugeordnet werden können. Es gibt jedoch einen stärksten, einen zweitstärksten usw. Der auffälligste wird als „Primärantreiber" bezeichnet. Niemand steht ständig unter dem Einfluss der Antreiber. Sie werden eher in bestimmten Situationen und im Zusammenhang mit gewissen Personen ausgelöst. Meistens gerade dann, wenn in irgendeiner Form nicht alles rund läuft. Kahler glaubt, dass sie in allen Kulturen zu finden sind.

Antreiber wirken sich deswegen negativ aus, weil sie auch in unpassenden Situationen einen Anspruch auf 100%ige Erfüllung stellen. So können wir beispielsweise nur bedingt beeinflussen, ob uns jemand mag. Schafft jemand mit einem „Beeil dich"-Antreiber seine Arbeit nicht, kommt es zumindest zu einem inneren Unbehagen.

Antreiber haben oft nur wenig mit einer angemessenen Reaktion auf gegenwärtige Ereignisse zu tun. Sie sind eher ein verinnerlichtes Verhaltensmuster, das bis jetzt nicht hinterfragt und reflektiert wurde.

Menschen, die als Kinder das Verhaltensmuster der Antreiber entwickelt haben, stellen sich gefühlsmäßig diese Frage: **Was kann ich tun, damit ich doch noch ein Gefühl von „in Ordnung sein / meinen Platz haben / gemocht werden" haben kann?** Die jeweiligen Antreiber bieten eine Antwort. Ihnen zu gehorchen verdeckt seither die darunterliegende Thematik. Nämlich ein Gefühl des Nicht-Okay-Seins, nicht so sein zu dürfen, wie es dem eigenen Bedürfnis gemäß wäre. Anders ausgedrückt: Dieser Mensch erlebt sich solange als in Ordnung, solange er perfekt, gefällig usw. ist.

Solange wir den vorgeschriebenen Regeln der Antreiber gehorchen, befinden wir uns in einer Position des **„Bedingten-in-Ordnung-Seins"**. Nur unter der Bedingung des Perfekt-Seins, Gefällig-Seins, Angestrengt-Seins,

Stark-Seins und Schnell-Seins sind wir in Ordung, fühlen wir uns gemocht und sicher. Ein paar Beispiele:

- Du sollst als Kind aufhören zu weinen. Du erlebst Dich erst als „in Ordnung", wenn Du Deine Gefühle unterdrückst. Ein „Sei stark!"-Antreiber könnte die Folge sein.

- Das ständige Augenverdrehen der Eltern verstehst Du als Kind so, dass Du nervig (nicht in Ordnung) bist. Du beziehst das Verhalten der Eltern auf Dich und entwickelst daraufhin einen „Sei gefällig"-Antreiber, indem Du ohne jeglichen Widerstand alles machst, was die Eltern Dir sagen. So bekommst Du Lob, als Du selbstständig die Küche fegst. Es ist zu erkennen, dass Du gefälliges Verhalten sogar vorwegnimmst, um Deinem Antreiber zu gehorchen.

Willst Du einen Antreiber bewusst und sofort „ausschalten", indem Du Dein Antreiberverhalten unterbrichst, kann es passieren, dass Du umgehend mit der darunterliegenden Thematik konfrontiert wirst, die der Antreiber zu überdecken versucht. Also lass Dir Zeit und gehe behutsam mit Deinen Veränderungswünschen um. Dann hat auch die darunterliegende Thematik Zeit, neu sortiert zu werden. Löst Du die darunterliegende Thematik auf, wird auch der Antreiber nicht mehr benötigt. Er kann Dir dann in seiner erlösten Form gute Dienste leisten. Das bedeutet, dass Du schnell, stark usw. sein kannst, wenn Du es **willst** und wenn Du es als passend erachtest.

Entscheidet sich Lisa aus dem Büro, nicht mehr gefällig zu sein, könnte sie sich zunächst als Störfaktor (nicht in Ordnung, nicht gemocht) fühlen. Und drückt André seine Gefühle aus, könnte er Scham (nicht in Ordnung) fühlen. Beide haben die Möglichkeit, in sich zu kehren, sich zu reflektieren und diese Gefühle zu beobachten. Dieses **Beobachten** wird die Gefühle nach einiger Zeit verändern.

Das Gefühlsleben hinkt Veränderungswünschen häufig etwas hinterher. Wenn Du Dich beispielsweise entscheidest, nicht mehr gefällig zu sein, kann es durchaus passieren, dass Du noch eine Weile Scham, vielleicht auch Angst oder ein anderes unangenehmes Gefühl spürst. Lass Dich dadurch nicht irritieren. Wenn Du dranbleibst, dann stellt sich ein stimmiges Gefühl nach und nach ein. Dann ist die Veränderung zu einer neuen Gewohnheit geworden.

Antreiber können auch als Kombination im gleichen Verhalten auftreten. Wenn Andrea losläuft, um das vergessene Laptop-Kabel zu holen, kann es sein, dass sie den „Sei gefällig!"-, „Beeil Dich!"-, „Sei perfekt!"- und „Streng Dich an!"-Antreiber gleichzeitig auslebt.

B. So erkennst Du Antreiber

Du kannst innere Antreiber anhand verschiedener Indizien erkennen. Es reicht jedoch nicht aus, sie an Wortfloskeln oder Gesten festzumachen. Es kann sehr sinnvoll sein, ein Gefühl dafür zu entwickeln, welche Stimmung der Antreiber bei Dir und anderen entstehen lässt, wenn Du in verschiedenen Situationen bist. Es gibt jedoch allerhand Hinweise auf Antreiber, die Du auch beobachten kannst. Jeder Antreiber wird gekennzeichnet durch eine typische Kombination von:

- Wortwahl

- Sprechweise

- Gesichtsausdruck

- Gesten

- Körperhaltung

Auf die Anzeichen des jeweiligen Antreibers gehen wir in den folgenden Unterkapiteln ein. Damit Du Dir klarer werden kannst, mit welchen Antreibern Du es zu tun hast, stellen wir Dir einen Antreiber-Test zur Verfügung. Mit ihm kommst Du Deinen eigenen Dynamiken und ihren Ausprägungen auf die Schliche. Führe ihn am besten vor dem Weiterlesen durch. So kannst Du die folgenden Kapitel mit Fokus auf Deine individuellen

Antreiber lesen. Um den Test zu machen, besuche unsere Webseite:
www.TAplus.de/burnout-vorbeugen-buch.

C. „Sei perfekt!"

HR. Wegmann

Menschen, die einem „Sei perfekt!"-Antreiber gehorchen, sagen zu sich selbst und zu anderen:

- „Wenn ich etwas tue, dann gründlich und fehlerfrei."

- „Ich mag keine Schlamperei."

- „Ich finde immer noch etwas zum Verbessern."

- „Mach bloß keine Fehler!"

- „Ich bin noch nicht gut genug!"

- „Ich muss noch besser werden!"

Menschen mit einem ausgeprägten „Sei Perfekt"-Antreiber wurden von den Eltern akzeptiert, wenn sie die Note Eins aus der Schule mit nach Hause brachten, und kritisiert, wenn es eine Zwei plus war. Sie hatten die kindliche Idee, sie müssten Bedingungen erfüllen, um angenommen zu werden. Sie haben oftmals ein unterschwelliges Gefühl, als Person allein nicht zu genügen. Später versuchen sie dann, eine Leistung anstelle der eigenen Person in die Waagschale zu werfen. Sie denken, sie müssten immer noch ein leistungsbezogenes Argument vorbringen, damit sie auch ihre Daseinsberechtigung haben. Sie leisten viel und versuchen, die Dinge perfekt zu machen. Das kann in bestimmten Situationen gut sein, wie beispielsweise bei einer Rechtschreibkorrektur oder dem detailreichen akribischen Verstehen einer bürokratischen Verordnung.

Es kann aber auch hinderlich sein, wenn Arbeiten dadurch, dass sie perfekt ausgeführt werden, nicht fertig werden. Beispiel: Ein Programmierer entwickelt ein Computerprogramm. Aber weil es immer noch nicht perfekt ist, wird so lange daran gebastelt, bis die Technik veraltet ist. Oder: Herr Wegmann kommt zu spät nach Hause und riskiert einen Streit, weil die Arbeit noch zu Ende gemacht werden musste, die objektiv betrachtet auch noch bis zum nächsten Tag hätte warten können.

Ertappt sich der Perfektionist dann auch noch bei einem „Fehler" oder weisen andere ihn darauf hin, scheint die Berechtigung auf Anerkennung absolut und schlagartig verloren.

Besuch kommt und die ganze Wohnung ist geputzt. Der Gast fragt nach einer Cola. Und obwohl sieben andere Getränke zur Verfügung stehen, fühlt sich der Gastgeber unzulänglich, weil er keine Cola hat. Alle Vorbereitungen scheinen umsonst gewesen zu sein.

Im Umgang mit Perfektionisten erleben Menschen oftmals wenig Nähe, Kontakt, Beziehung oder Austausch. Die Begegnung ist oft von Unterordnung, Besserwissen, Relativieren oder Kritisieren geprägt. Andere bekommen vielleicht das Gefühl, nicht gut genug zu sein. Es kann auch passieren, dass sie durch die Atmosphäre, die das Perfekt-Sein verbreitet, auf Distanz gehen und erst gar nicht mehr Nähe suchen.

Menschen mit „Sei perfekt"-Antreiber wollen sich bei anderen immer wieder für ihre Leistungen absichern. Das erzeugt aber eher das Gegenteil von dem, was eigentlich gewollt war, nämlich Kritik, Wettbewerb und

Widerspruch. Oftmals fangen andere an, die Leistung mit fragwürdigen Argumenten zu kritisieren. Diese Kritik ist weniger inhaltlich, als dass sie eine Reaktion auf die Beziehung ist.

Für den Perfektionisten sieht es dann so aus, als könnten die anderen nichts leisten oder als habe er selbst noch nicht genug geleistet. Dies führt zu verächtlicher Belehrung sich selbst oder anderen gegenüber oder zu erneuter Anstrengung, es noch besser zu machen. Damit schließt sich der Kreis und alles kann von vorn beginnen.

Ein Beispiel: Ein Designer bekommt einen Verbesserungsvorschlag und fühlt sich daraufhin persönlich gekränkt. Im Antreiberverhalten könnte er den Kritiker als unfähig abstempeln oder er entschließt sich, beim nächsten Mal noch besser und genauer zu arbeiten.

Es gibt auch Perfektionisten, die sich eine ideale Welt wünschen, aber erkannt haben, dass sie nicht umzusetzen ist. Sie haben den Kampf aufgegeben und deswegen eine Antihaltung (Konterdynamik) von „alles egal" entwickelt. Zyniker sind beispielsweise hoffnungslose Idealisten und bilden den Gegenpol zu Perfektionisten. Sie haben aber das gleiche zugrundeliegende Thema.

Wenn Du den Antreiber bei anderen identifizieren willst, ist es sinnvoll, wenn Du Dein eigenes Gefühlserleben mit in die Beobachtung einbeziehst. So kannst Du an Deinen Gefühlen erkennen, welche Stimmung Dein Gegenüber in Dir auslöst.

Darüber hinaus gibt es weitere Anzeichen:

- Gerade Körperhaltung

- Sehr gut gekleidet, frisiert, geschminkt. Fingernägel top manikürt

- Gefühl von körperlicher Anspannung, während der Antreiber aktiv ist

- Reihenweises Durchgehen von Punkten: Das kann auch durch Abzählen an den Fingern geschehen („erstens", „zweitens", „drittens")

- Fingerkuppen aneinander legen, sodass die Hände einen spitzen Winkel bilden

- Hand ans Kinn zum „Denker"

- Häufiges Rechtfertigen

- Häufiges Verwenden von Füllwörtern, die keine weiteren Informationen enthalten. Ausdrücke wie: sozusagen, wahrscheinlich, unter Umständen, könnte man sagen, wie wir gesehen haben, im Prinzip, quasi, total

- Detailreicher berichten und mehr Informationen geben als notwendig. Langatmig und umständlich erzählen. Schachtelsätze bilden.

- Vorwegnahme von Ergänzungen und Kritik

Grundsätzlich reicht es nicht aus, anhand **eines** Anzeichens einen Antreiber sicher zu bestimmen. Es müssen mehrere Hinweise darauf hindeuten. Noch wichtiger ist es, ein Gefühl für den Antreiber zu entwickeln. Dafür kannst Du die Spiegelübung machen: www.TAplus.de/burnout-vorbeugen-buch

Solltest Du Dich mit dem „Sei Perfekt!"-Antreiber in bestimmten inhaltlichen Aspekten identifizieren können, weil es für die Situation angemessen ist, dann hat das auch etwas Gutes für Dich. Wenn Du ihm seine Übertreibungen nimmst, kann das sehr nützlich sein. Zum Beispiel bei Themen wie:

- Sinn und Notwendigkeit für Vollkommenheit

- Hohe Organisiertheit

- Komplexe Systeme begreifen und bedienen

Mit einem erlösten „Sei perfekt!"-Antreiber bei Dir selbst kannst Du seine Tugenden angemessen in Dingen leben, die Dir wichtig sind. Beispielsweise im Beruf als Chirurg oder im Hobby beim Kalligraphie-Schreiben.

Ein erster großer Schritt ist es, dass Du Dir über den Antreiber und seine Funktionsweise bewusst wirst. Dann kannst Du in Situationen, in denen der Antreiber aktiv ist, mit einer beobachtenden Haltung von: „Ah, da ist der Antreiber wieder" herangehen und Dinge anders machen.

Du könntest schauen, dass Du Dir diese Erlaubnis gibst oder holst:

„Du bist gut genug, so wie Du bist."

Von uns Autoren hast Du sie sowieso. Einfach weil Du ein Mensch bist, weil Du liebenswert bist. Und das reicht aus.

Du könntest Dir diese Erlaubnis in Situationen, wo der Antreiber aktiv ist, bewusst machen.

Außerdem kannst Du Deinen Maßstab für Fehler zurechtrücken. Er ist nämlich falsch justiert. Jeder Mensch macht Fehler und darf Fehler machen, denn jeder Fehler ist eine Lernchance. Denke doch mal daran, wie Du laufen gelernt hast. Wenn Du es nicht immer wieder probiert hättest, bis es Dir endlich gelang, könntest Du heute noch nicht laufen. Du kannst Dinge statt perfekt „gut genug" sein lassen. Du hast für Deinen Vorgesetzten einen Bericht verfasst und weißt, dass er inhaltlich vollständig ist? Gib ihn ab, auch wenn sich vielleicht noch ein paar Rechtschreibfehler darin verbergen. „Achtzig Prozent reichen. Lass Fünfe gerade sein!" Das könnten heilsame innere Sätze für Dich sein.

Durch das Verständnis des „Sei perfekt"-Antreibers bei Dir selbst kannst Du Dich entscheiden, beispielsweise perfektionierte Schachtelsätze bewusst in einfache Sätze umzugestalten. Durch solches Verhalten übst Du Dich darin, den „Sei perfekt"-Antreiber nach und nach in eine „Perfekt in wichtigen Situationen"-Haltung umzuwandeln.

D. „Sei anderen gefällig!"

Lisa

Menschen mit „Sei gefällig!"-Antreiber fühlen sich verantwortlich, das Wohlbefinden anderer sicherzustellen und eine freundliche, niemanden beunruhigende Atmosphäre herzustellen. Solche Menschen werden manchmal als harmoniesüchtig bezeichnet. Es fällt ihnen schwer, Nein zu sagen. Akzeptiert zu werden ist für sie wichtiger, als ihre Interessen zu berücksichtigen. Positive Rückmeldungen sind ihnen sehr wichtig. Sie versuchen, es allen Recht zu machen. Dabei bleiben sie selbst häufig auf der Strecke.

Ein Angestellter kann sich nicht konzentrieren, weil ihn das Radio des Kollegen ablenkt. Statt auf seine Bedürfnisse zu achten und beispielsweise den Kollegen zu bitten, das Radio auszumachen oder mit Kopfhörern zu hören, schweigt er und nimmt die ständige Störung in Kauf. Nur, um keinen Konflikt zu provozieren.

„Sei gefällig!"-Menschen wurden von den Eltern oder Bezugspersonen akzeptiert, wenn sie sich angepasst haben. Durch die ständige Anpassung haben sie zu wenig Profil und Identität entwickelt. Stattdessen haben sie ein feines Radar für die Bedürfnisse anderer Menschen ausgebildet. Sind keine Signale vorhanden, fantasieren sie häufig, was sich der andere wünscht. Sie wirken auf andere eher unsicher, als von einer in sich ruhenden Freundlichkeit getragen.

Die Logik, mit der „Sei gefällig!"-Menschen Wertschätzung suchen, hat keine Aussicht auf Erfolg. Sie glauben, dass sie nur akzeptiert werden, in Beziehung kommen oder in Beziehung bleiben, wenn sie anderen zu Gefallen sind. Deswegen bieten sie Gefälligkeit statt einer markanten Persönlichkeit. Das ist aber für viele Menschen uninteressant. Außerdem bietet diese Dynamik anderen eine Einladung zur Ausbeutung oder auch über Grenzen des „Sei gefällig!"-Menschen zu marschieren. Solches Verhalten anderer, ausgelöst durch die eigene Einladung, bestätigt den Glauben, nicht liebenswert zu sein. Damit schließt sich der Teufelskreis.

„Sei gefällig!"-Menschen wissen in Stresssituationen oft nicht, was sie wollen und wer sie sind. Eigene Ansprüche und Vorstellungen sind wenig präsent oder werden geleugnet.

Häufig besteht wirklich ein Nachholbedarf darin zu lernen, wie man eigene Vorzüge und Konturen entwickelt. Ihre Vorstellung von „geliebt werden" beinhaltet nicht den Respekt für die eigene Person. Weder respektieren sie ihre eigenen Bedürfnisse noch fordern sie Respekt für ihre Bedürfnisse von anderen ein.

Häufig haben diese Menschen keinen oder nur einen unzureichenden Kontakt zu ihren Ärgergefühlen. Sie haben unbewusst und in früher Kindheit gelernt, diese Gefühle nicht mehr zu spüren. Diese Lerneinheit ist dann oftmals zu einem hochautomatisierten Selbstläufer geworden. Solche Menschen sagen von sich: „Ich ärgere mich nie." oder „Ich streite mich eigentlich nie."

Konfliktangebote werden ausgeschlagen und es wird harmonisierend gehandelt. Sie lassen es zu, dass andere über ihre Grenzen gehen. Das kann sogar so weit gehen, dass andere immer stärkere Mittel wählen, um eine ärgerliche Reaktion zu provozieren. Ist die Provokationsschwelle noch unterschritten oder das Maß noch nicht voll, stauen „Sei gefällig!"-Menschen ihre Ärgergefühle solange an, bis es ihnen eines Tages reicht und das Maß voll ist. Dann schlägt das Pendel in die Gegenrichtung aus und damit ins andere Extrem. In der Psychologie wird das Konterdynamik genannt. Es wird ein heftiger Streit vom Zaun gebrochen oder der Kontakt abgebrochen. Burnout-gefährdete Menschen haben den Zugang zu ihren Ärgergefühlen manchmal so gut versteckt, dass sie ihre Aggressionen eher gegen sich selbst richten, als sie nach außen auszudrücken. Sie geben sich selbst die Schuld. Körperliche Symptome begleiten dann die psychische Dynamik - Ständige Krankheit und/ oder Müdigkeit.

Kennzeichnend für diesen Antreibertyp sind:

- Verantwortungsübernahme und Aufopferung (für andere)

- Verbindlichkeit

- Bescheidenheit

- Loyalität und Selbstlosigkeit

Sie verwenden Redewendungen, um entweder die Wünsche und Erwartungen des Gegenübers zu erkunden oder Anpassung daran zu signalisieren:

- Nicht wahr?

- Siehst Du das auch so?

- Ich mache das wie Du willst.

Menschen, deren „Sei gefällig!"-Antreiber aktiv ist:

- lächeln viel.

- neigen sich dem Gesprächspartner zu.

- halten den Kopf seitlich und ziehen die Augenbrauen nach oben, sodass waagrechte Falten auf der Stirn entstehen.

- nicken beim Sprechen mit dem Kopf.

- nicken, um Zustimmung zum Gesagten des Gesprächspartners zu signalisieren.

- neigen zu irritierten Blicken, wenn nicht unmittelbar eine zustimmende Wirkung beim Gesprächspartner erzielt wird.

Im Umgang mit anderen entsteht kaum echter Kontakt, an dem man sich reiben könnte. In Diskussionen vertreten sie oftmals keine klare Position, weil irgendwie immer alles möglich ist. Zur Selbstdiagnose kann die

Frage dienen: **„Könntest Du „nein" sagen, auch wenn Du „ja" sagen könntest?** Kannst Du einen Terminvorschlag ablehnen, auch wenn Du nichts anderes vorhast? Nur weil Dir im Moment nicht danach ist?"

„Sei gefällig"-Menschen legen zu großen Wert darauf, anderen zu gefallen. In Balance gebracht besitzen sie eine feine soziale Wahrnehmung, die es ermöglicht, auf die Bedürfnisse anderer angemessen einzugehen. Das erleichtert ihnen, an andere Menschen und Systeme anzukoppeln. Sie haben manchmal übertriebene Vorstellungen davon, wie viel Gefallen notwendig ist, um angenommen zu werden. Hier kann nach einer neuen, realistischen Balance gesucht werden.

Solltest Du Dich in der „Sei gefällig!"-Dynamik wiedererkennen, bieten wir Dir folgende Erlaubnisse an:

- „Du darfst Dir selbst und anderen gefallen und Du darfst eigene Maßstäbe und Konturen zeigen." Zeige Dich mehr und sei mehr „kantig".

- Du darfst Dich anderen mit Deiner Person und Deinen Bedürfnissen zumuten, andere tun das ja auch! Das darfst Du auch, wenn Du Dich dabei noch schämst oder unwohl fühlst.

- Du darfst aus dem Blickkontakt mit anderen gehen und in Dich hineinhorchen, was Deine momentanen Bedürfnisse sind.

- Deine Bedürfnisse sind wichtig, statt dass Du versuchst herauszufinden, was die anderen wollen.

- Du darfst Dir auch selbst zu Gefallen sein.

- Du musst nicht bei allen beliebt sein. Es gibt genügend Menschen, die Dich schätzen.

- Du kannst nur von ganzem Herzen „Ja" sagen, wenn Du auch „Nein" sagen kannst.

- Mit der gleichen Höflichkeit, wie Du Termine mit anderen wahrnimmst, nimmst Du Termine mit Dir selbst wahr.

- Wenn Du im Umgang mit anderen übst, Deinen „sei gefällig"-Antreiber zu zügeln, dann darf sich das in Deiner Wahrnehmung egoistisch anfühlen, damit sich Dein Messgerät für Egoismus neu kalibriert.

Manchmal halten „Sei gefällig!"-Menschen ihre eigenen Interessen so lange zurück, bis sie sich nicht nur ausgenutzt fühlen, sie sind dann sogar wirklich ausgebeutet und erleben mächtige Nachteile. Beispielsweise haben sie eine verdiente Gehalts-erhöhung dem Kollegen überlassen, nur weil sie gefällig sein wollten. Oder sie haben viele unbezahlte Überstunden gemacht, nur weil sie nicht in der Lage waren, den Forderungen des Chefs ein „Nein" entgegenzusetzen.

Es fehlt die goldene Mitte zwischen Fremd- und Eigeninteresse, die entdeckt werden darf. Dazu kannst Du diese Technik anwenden: Suche Dir ein Vorbild, welches mit diesem Spannungsfeld gut umgehen kann. Befindest Du Dich in einer Situation, in der Du Dich zwischen Deinen Interessen und denen der anderen hin und her gerissen fühlst, kannst Du Dich fragen: „Was würde mein Vorbild jetzt tun?"

Im Umgang mit „Sei gefällig!"-Menschen ist es vorteilhaft, sie dazu einzuladen, auch auf sich selbst Rücksicht zu nehmen.

Wenn Du Dich als „Sei gefällig!"-Mensch in Richtung Verwirklichung eigener Ansprüche entwickelst, musst Du unter Umständen auch mit dem Missfallen Deiner Umwelt rechnen. Diese hat zum Teil Deine Gefälligkeit als durchaus bequem erlebt und ist über das plötzliche Auftreten Deiner neuen Ansprüche vielleicht nicht unbedingt erfreut. Solltest Du diesen Antreiber haben, lohnt sich das Aufgeben des Antreibers für Dich in vielerlei Hinsicht.

E. „Streng Dich an!"

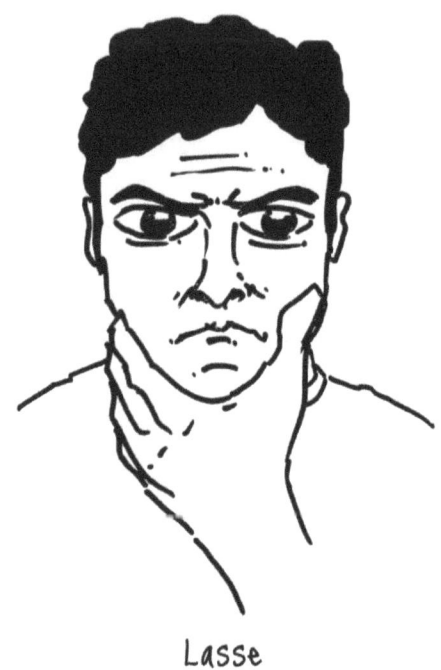

Lasse

Menschen mit einem „Streng Dich an"-Antreiber führen Aufgaben mit einem Fokus auf die Anstrengung durch. Dies tun sie aus der gewohnheitsmäßigen Sorge, dass sie es ohne Anstrengung nicht schaffen könnten. Bei Herausforderungen spüren diese Menschen einen Leistungsdruck. Spaß an der Arbeit und Freude auch an spielend leicht erreichbaren Erfolgen scheinen ausgeschlossen. Ihnen wurde als Kind vielleicht einmal zu häufig gesagt: „Du schaffst das nicht." oder „Das ist nicht so einfach.". Und wenn sie sich angestrengt haben, wurden sie gelobt. Nicht für das Ergebnis, sondern für die Anstrengung an sich. Allein die Tatsache, dass es anstrengend ist, ist wichtig, das Ergebnis ist zweitrangig.

Diese Menschen konzentrieren sich auf die Schwere des Weges. Sie erkennen eher die Mühe als die Leistung an. Ob das Ziel tatsächlich erreicht wird, ist bei diesem Antreiber nachrangig. Solange man sich angestrengt hat, erfährt man seine Berechtigung. Schaffen es die „Streng Dich an!"-Menschen **trotz** der Mühe, glauben sie, es **wegen** der Mühe geschafft zu haben. Bei ihnen geht in der Regel Quantität vor Qualität. Erfolge, die nicht auf Anstrengungen basieren, taugen nichts. „Was leicht von der Hand geht, ist verdächtig." oder „Von nichts kommt nichts." oder „No pain, no gain.".

In Anfangsphasen von Projekten können sie sehr aktiv sein. Doch nach und nach wird alles zur Mühsal. Menschen in der „Streng Dich an!"-Dynamik werden umso langsamer, je näher sie dem Ziel kommen. Sie verlieren auch gern das Zeitmanagement aus den Augen. Ihr inneres Ziel ist die Anstrengung und nicht die Zielerreichung. Gleichzeitig wollen sie unbewusst ihren Glauben bestätigen, das Ziel nicht erreichen zu können. Sie „beackern" ihr Feld, bis der Winter einbricht, kommen aber nicht auf die Idee, reife Früchte zu ernten.

Menschen, die betont leichtfertig an Aufgaben herangehen, leben die andere Seite des „Streng Dich an!"-Antreibers. Sie scheuen selbst angemessene Anstrengung und verfolgen damit ebenfalls ein „Ich schaffe es nicht"-Programm.

Menschen mit einem „Streng Dich an!"-Antreiber verwenden oft das Wort „versuchen". Dabei klingt die Stimme etwas gequält. Auf www.TAplus.de/burnout-vorbeugen-buch haben wir Dir ein Videobeispiel dazu gepostet.

Manchmal legen sie vielleicht noch die Hand an die Augen, als gäben sie sich größte Mühe. Hier ein paar Beispiele:

- Lasse, dem der Haushalt nicht leicht von der Hand geht: „Ich kenne mich da nicht wirklich aus."

- Eine ältere Frau zum Umgang mit dem Handy: „Das ist so kompliziert."

- Ein Student zur Quellenrecherche: „Es fällt mir schwer."

- Der Mitarbeiter zum Vorgesetzten: „Das verstehe ich nicht." oder „Das ist aber kompliziert."

Es kann auch sein, dass Du solche Formulierungen hörst:

- „Wer nie aufgibt, erreicht alles."

- „Erfolge muss man sich hart erarbeiten."

- „Das wird ein hartes Stück Arbeit."

Die Ausprägung dieses Antreibers kann viele Facetten haben. Dadurch kann es sein, dass er schwer zu erkennen ist. Steffen hatte ihn einmal bei sich bemerkt, als er jemandem etwas beibringen wollte und sich dabei selbst ertappte, wie er sagte: „Wenn du das lernen willst, dann aber richtig." Es gab keinen leichten Weg. Das Lernen musste hart sein, sonst war es nicht „richtig".

Bei Menschen mit „Streng Dich an!"-Antreiber kann der Eindruck aufkommen, dass sie es lieber versuchen, als es wirklich zu tun. Bei anderen entsteht ein Gefühl der Schwere oder das Gefühl, dass man ihnen nicht zutraut, dass sie die Leistungsfähigkeit oder Leistungs-bereitschaft hätten.

Solltest Du feststellen, dass Dich der „Streng Dich an!"-Antreiber anspricht, dann räumst Du der Schwere bei Aufgaben wahrscheinlich einen zu hohen Stellenwert ein. In seiner gereiften Form birgt dieser Antreiber aber auch Ressourcen, beispielsweise:

Du hast Durchhalte- und Beharrungsvermögen.

Du kannst mit angemessener Beharrlichkeit für Dinge sorgen.

Du verfolgst Aufgaben mit Beständigkeit und hast den nötigen Sinn für Gründlichkeit und Ausdauer.

Du bist nicht so stark lustgesteuert.

Um diese Ressourcen zur Geltung zu bringen, bieten wir Dir folgende Erlaubnisse an:

- Tue es, anstatt es zu versuchen.

- Du darfst an der Arbeit auch Spaß haben und sie Dir leichter gestalten.

- Du darfst etwas mit Gelassenheit tun und vollenden.

- Auch wenn es leicht geht, kann es wertvoll sein.

- Du darfst Dich immer wieder auch entspannen und Fortschritte genießen.

- Setze Dir realistische statt unerreichbare Ziele und definiere Dir Teilziele.

- Du darfst „leicht Erreichtes" anerkennen und Dich daran freuen.

Zudem kannst Du schauen, wie Du die gleiche Aufgabe mit Freude und Leichtigkeit erledigen kannst. Dabei kannst Du in Betracht ziehen:

- Die Umgebung (Arbeit von zu Hause statt im Büro)

- Die Menschen, mit denen Du zusammen bist (Tun sie Dir gut?)

- Die Tageszeit (Bist Du ein Morgenmensch?)

- Eine neue Art der Ausführung (Versuche, den Geschirrspüler mal zu Deiner Lieblingsmusik auszuräumen)

- Mit einer neuen Haltung von Leichtigkeit (Wie kannst Du es mit Freude machen?)

Die Arbeit bis zur endgültigen Belohnung darf Spaß machen und Pausen haben. Frei nach dem Motto: Work smart, not hard.

F. „Sei stark!"

André

Dieser Antreiber ist ein Aufruf zum Heldentum und zur Gefühlsunterdrückung. „Ein Indianer kennt keinen Schmerz". Kampflos aufgeben kommt für Menschen mit dieser Dynamik nicht in Frage. Häufig fällt es ihnen schwer, fremde Hilfe in Anspruch zu nehmen. „Die knallharte Businessfrau", „die dreifache Mutter mit gequältem Lächeln" oder „der Türsteher mit eiserner Miene" sind Bilder, die Du Dir vorstellen kannst.

Menschen mit einem „Sei stark!"-Antreiber wurden als Kinder von den Bezugspersonen akzeptiert, wenn sie keine unerwünschten Gefühle zeigten. Diese Menschen erleben sich als in Ordnung, wenn sie cool sind, ihre Gefühle nicht zeigen oder sich auf Distanz zu ihnen halten.

Bei Menschen mit diesem Antreiber gibt es eine Angst, in emotional bedrückenden Situationen nicht stabil zu sein. Deswegen möchten sie sich selbst stark und unangreifbar machen, um nicht verletzt zu werden.

Jedoch bleibt somit auch die Sehnsucht nach Freude, aufgehoben sein, Entgegenkommen und Fürsorge ungestillt. Das wird die „Sei stark"-Person aber nicht so wahrnehmen. Das Gefühlsleben kann so stark verdrängt sein, dass es nur noch unbewusst vorhanden ist und der Mensch keinen Zugang mehr z. B. zu einem Wunsch nach Fürsorge hat. Sich auf andere Menschen einzulassen, missverstehen sie als Unterwerfung. Das finden sie eher unattraktiv. Das bestätigt „Sei stark!"-Menschen in ihrem Glauben, allein mit den Dingen zurechtkommen zu müssen. Deswegen halten sie ihr Gefühlsleben in Schach, wodurch sich der Teufelskreis schließt.

Der „Sei stark!"-Antreiber kann auch umgedreht auftauchen. Statt stark aufzutreten, geben sich solche Menschen betont schwach und gefühlsorientiert.

Bei Unterhaltungen zeigen Menschen mit „Sei stark!"-Antreiber in ihrer Mimik nur wenig Gefühle. Sie versuchen, ihre innere Bewegtheit zu verbergen. Beim Gegenüber können solche mangelnden Signale Unsicherheit auslösen.

Sie verwenden eine Sprache und Sprechweise, um die eigene Stärke und Unangreifbarkeit zu vermitteln. Aussagen und Haltungen können sein:

- „Ich komme alleine zurecht."

- „Ich bin aufs Schlimmste gefasst."

- „Mich erschüttert nichts so leicht."

- „Wie es drinnen aussieht, geht keinen was an."

- „Reiß Dich zusammen!"

- „Zeig keine Gefühle!"

- „Bewahre immer Haltung!"

Es scheint, als gingen sie zur eigenen Empfindsamkeit und der anderer auf Distanz. Es werden Redewendungen verwendet, die den Eindruck erwecken, dass die Gefühle von außen hervorgerufen seien. Von sich selbst sprechen sie unbestimmt:

- „Man ist da schon traurig."

- „Das fühlt sich gut an."

- „Solche Situationen können ganz schön schwierig werden."

- „Da kann man schon Angst bekommen."

- „Das freut einen ja auch."

Menschen mit einem „Sei stark!"-Antreiber haben häufig eine aufrechte Haltung, eine mangelnde Gestik, eine monotone Sprechweise und eine unbewegte Mimik. Beispiele für Menschen mit einem „Sei stark!"-Antreiber können sein:

- Ein Chef, der seine Interessen ohne Gefühlsregung durchsetzt. „Fressen oder gefressen werden."

- Aber auch eine berufstätige alleinerziehende Mutter mit zwei Kindern, die auf die Frage, wie es ihr geht, antwortet: „Muss ja."

Wenn Du diesen Antreiber bei Dir selbst beobachtest und Dich nicht mehr von ihm zwingen lassen willst, kannst Du seine Tugenden leben. Dann kannst Du beispielsweise kurzfristig in brenzligen Situationen hohe Leistungen erbringen. Du hast Kraft und Kampfgeist, Dinge voranzubringen, auch gegen Widerstände. In der erlösten Form kannst Du loslassen, wenn es nichts mehr zu kämpfen gibt. Du kannst freundlich sein und nur dann kämpfen, wenn es angemessen ist.

Wir bieten Dir folgende Erlaubnisse an:

- „Wenn Du Gefühle zeigst, bist Du stark."

- „Du darfst offen sein und Dich zeigen."

- „Du darfst um Hilfe bitten und verlierst dabei auch nicht Dein Gesicht."

- „Du darfst Dich weiterhin kraftvoll für Deine Anliegen einsetzen."

- „Du darfst die Rüstung ablegen. Auch wenn es Dir zunächst noch Unbehagen bereitet."

Das kannst Du konkret tun:

- Schaffe Dir einen Puffer, sodass Du Deine Arbeitsbelastung überwachen kannst.

- Bitte andere Menschen um Hilfe und nimm wahr, wie sich Deine Beziehungen verbessern, wenn Du Dir von anderen helfen lässt.

- Suche Dir eine Freizeitaktivität, die Dir einfach nur so Spaß macht.

- Hart in der Sache und weich in der Ausführung.

Mit solchen Maßnahmen entkräftest Du den Zwang des „Sei stark!"-Antreibers und bringst ihn in Richtung Erlösung.

G. „Beeil dich!"

Andrea

Menschen, die ständig in Bewegung und dauernd beschäftigt sind, haben es wahrscheinlich mit einem „Beeil dich!"-Antreiber zu tun. Sie machen gern mehrere Dinge gleichzeitig. Sie fühlen sich als Motor, der Dinge voranbringt.

„Beeil dich!"-Menschen haben das Grundgefühl, etwas zu verpassen. Fehlender Sinn und Erfüllung des Daseins wird durch einen „Beeil dich!"-Vorgang ersetzt, in Form von Schnell-Sein, Viel-Tun und Aufgeregt-Sein. **Sie haben kein Gespür für das richtige Tempo entwickelt und machen einfach alles schnell.** Dieser Antreiber kann entstehen, wenn ein Elternteil oder beide Eltern ungeduldig mit Dir waren. Zum Beispiel, wenn Du als Kind die Schuhe nicht schnell genug anbekommen hast.

Was diesen Menschen fehlt, ist Wesentliches zu erleben, sich dafür die angemessene Zeit zu nehmen. Stattdessen versuchen sie in den Moment hineinzustopfen, was geht. Deswegen erzählen sie auch so viel wie nur möglich, wenn sich die Gelegenheit dazu bietet. Folglich bleibt keine Zeit, auf die Reaktionen des Gegenübers zu achten oder darauf zu hören, was er zu sagen hat. Eine Woche in einem Kloster zu schweigen, wäre für sie eine echte Strafe. Dahinter steckt auch die Hypothese, dass „Beeil dich!"-Menschen diese Verhaltensweise gelernt haben, um nicht mit unangenehmen Gefühlen in Kontakt zu kommen. So wie Andrea aus dem Büro. Sie würde am liebsten alle Dinge gleichzeitig machen.

Je mehr Energie verbraucht wird, um etwas nachzujagen, desto mehr schneiden sich diese Menschen von eigenen Ressourcen wie Ruhe und Besinnlichkeit ab. Bei Hektikern ist der Rhythmus zwischen Anspannung und Entspannung gestört. Es ist, als gehen sie von einer Anspannung zur nächsten Anspannung über. Dabei kommt es auch schon mal zu kleineren Auszeiten, um mögliche Überspannungen abzubauen. Sie werden krank, betrinken sich oder brechen sich ein Bein. Der Burnout stellt dann den großen Ausstieg dar.

Menschen mit „Beeil dich!"-Antreiber, die die andere Seite der Medaille leben, sagen von sich selbst: „Jetzt erstmal langsam." Sie leben das entgegengesetzte Extrem und passen ihre Geschwindigkeit auch nicht an die Situation an.

Menschen mit „Beeil Dich!"-Antreiber haben den Eindruck, dass die Zeit irgendwie nicht ausreicht, um etwas Wichtiges zu tun oder zu erfahren. Die innere Unruhe scheint sich verselbstständigt zu haben und sie ist auch nicht zuträglich für einen effektiveren Umgang mit knapper Zeit. Ruhe erscheint als Verrat an der Dringlichkeit. Entspannung ist für sie das Gleiche wie aufgeben.

Menschen mit „Beeil dich!"-Antreiber sprechen häufig schnell und verwenden Aussagen wie:

- „Ich mache das noch kurz."

- „Ich muss nur noch schnell was holen."

- „Mach hin!"

- „Beeil Dich!"

- „Ich habe nicht den ganzen Tag Zeit."

- „Zeit ist Geld."

Sie machen Körperbewegungen, die einen unruhigen Eindruck vermitteln. Zum Beispiel mit dem Fuß wippen, mit den Fingern auf den Tisch klopfen oder unruhig im Raum umherschauen. Menschen mit „Beeil dich!"-Antreiber bezeichnen wir häufig als Hektiker. Der Versuch, Ruhe in die Situation zu bringen, wird mit verstärkter Hektik beantwortet, da sich sonst die Angst steigert, etwas zu verpassen. „Beeil dich!"-Menschen werden als wenig präsent erlebt. Das lädt andere dazu ein, selbst nicht präsent zu sein. Sie erzeugen auch bei anderen häufig eine gewisse Unruhe. Zum Beispiel ein Kollege, der Stress verbreitet, obwohl es keinen offensichtlichen Grund dazu gibt.

Sollte Dir der Antreiber bekannt vorkommen, kann es sein, dass Dir noch die Balance zwischen Anspannung und Entspannung fehlt. In der erlösten Form kannst Du seine Vorteile nutzen. Zum Beispiel:

- Dinge zügig voranzubringen.

- Selbst entscheiden, ob und wann Du Dich beeilst.

- Du darfst lernen, dass Du auch ein Grundgefühl des „in Ordnung"-Seins haben darfst, auch wenn Du Dinge in Ruhe machst und dabei im Gefühl bist. Deswegen bieten wir Dir folgende Erlaubnisse an:

- Du kannst entscheiden, ob und wann Du Dich beeilst.

- Du darfst Dir die Zeit geben, die Du benötigst.

- Du darfst Pausen machen.

- Du darfst Deinen eigenen Rhythmus fühlen und ihm folgen.

- Du darfst auch mit unangenehmen Gefühlen in Kontakt kommen.

- Du darfst anfangen, darauf zu vertrauen, dass Du zur richtigen Zeit am richtigen Ort bist.

- Du darfst pünktlich sein.

Es kann auch hilfreich sein, einen „Hektik-Entzug" zu planen bzw. Dir etwas zu suchen, was nur in Maßen anregend ist und Dich zur Ruhe kommen lässt.

Zum Beispiel geht Steffen im Urlaub von Zeit zu Zeit tauchen und er will dabei immer so viel wie möglich unter Wasser sehen. Deswegen paddelt er unentwegt mit seinen Flossen, um möglichst schnell voranzukommen. Sein Radius unter Wasser ist groß und es gibt auch viel zu entdecken.

Einmal ging er mit einem Tauchlehrer auf Unterwasser-Tour, der ihn fast in den Wahnsinn trieb, weil er so langsam war. Steffen beschloss letztendlich die Situation so anzunehmen wie sie in diesem Augenblick war. Er konnte ja sowieso nichts daran ändern. Er musste ja bei seinem Tauchführer bleiben und konnte nicht einfach davon paddeln.

Auf einmal fing er an Details zu bemerken, die ihm vorher nie aufgefallen waren. Getarnte Fische auf dem Meeresboden, verstecke Details an Korallen und das Beste: Durch den Beinahe-Stillstand der Taucher flüchteten die Fische nicht mehr. Nie zuvor kam er so nah an Schildkröten und andere Fische heran. Sie ließen sich gar nicht mehr durch seine Anwesenheit stören. Er entdeckte eine neue Welt, die schon immer da gewesen war und sich erst durch sein Annehmen der Langsamkeit offenbarte. Dieser Tauchgang hat ihm den Reichtum der Langsamkeit oder vielmehr den Reichtum des richtigen Tempos zur richtigen Zeit vermittelt.

Das hat uns zu dieser Prüffrage geführt, die Du Dir beantworten kannst:

Welches ist das richtige Tempo für die bevorstehende Aufgabe, damit Du sie mit möglichst viel innerer Fülle und Tiefgang ausführen kannst?

Das Video zum Tauchgang findest Du unter:
www.TAplus.de/burnout-vorbeugen-buch

H. Umgang mit den Antreibern

Antreiber haben auch Talente bei Dir hervorgebracht, die durch ihre Reifung wieder positiv hervortreten können, ohne dass Du unter ihren Nachteilen leiden musst. Der Unterschied zwischen einem noch schadhaften Antreiber und einem erlösten besteht darin, dass die gereifte Form keine Zweifel mehr am Selbstwert aufkommen lässt, sondern Freiheit für angemessenes Verhalten bereithält.

Du kannst Dich beeilen oder auch nicht und fühlst Dich bei beiden Entscheidungen gut.

Oder Du kannst etwas perfekt machen, musst es aber nicht. Das eigene Lebensgrundgefühl wird nicht mehr von einer solchen Entscheidung negativ beeinflusst.

Wenn Du unter Druck gerätst, geben Dir die unerlösten Antreiber falsche und gefährliche Signale. Folgst Du ihnen, gerätst Du immer tiefer in die Verschlimmerungs-Spirale hinein. Erlangst Du jedoch diese neue Freiheit, bist Du nicht mehr gefährdet, von der Klippe des Burnouts zu stürzen.

Damit sich die Antreiber nicht schädlich in Beruf und Privatleben auswirken, solltest Du Dich mit ihnen ehrlich und selbstkritisch auseinandersetzen. Dabei kannst Du ein Bewusstsein dafür entwickeln, welche Verhaltensweisen in welchem Maß durchaus sinnvoll sind und welche Stress (bei Dir selbst und bei anderen) auslösen. Alte Antreiber-Funktionsweisen können dann schrittweise durch neues Verhalten ersetzt werden.

Diese Maßnahmen kannst Du treffen, um mit Deinen Antreibern umzugehen:

- Lerne die positiven Aspekte und Ressourcen schätzen, die mit Deinem Antreiber verbunden sind. Es sind Deine Talente.

- Du kannst ein Bewusstsein für die Funktionsweise Deiner Antreiber entwickeln und diejenigen Situationen identifizieren, in denen sie gehäuft oder stärker auftreten.

- Du kannst hemmende und hinderliche Bewertungen überprüfen und Dir eine passende Erlaubnis geben, statt Antreiber wirken zu lassen.

- Achte bei Dir auf körperliche Anzeichen und unterbrich bewusst die Handlung:

  - Wenn Du beispielsweise bemerkst, wie Du Deine Stirn in Falten legst, kannst Du sie wieder entspannen.

- Wenn Deine Bauchmuskeln verspannt sind und Du nur noch in die Brust atmest, atme bewusst in den Bauch und beobachte, wie Du den Bauch entspannen kannst. Nimm Dir ruhig ein paar Minuten Zeit dafür.

- Wenn Du bemerkst, wie Du mit den Füßen unruhig wippst, entspanne Dich in Geduld.

- Wenn Du bemerkst, dass Du ständig in Blickkontakt bist, wende ihn ab.

- Wenn Du bemerkst, dass die Zeit knapp wird, erlaube Dir, Dich mit dem bisher Erreichten zufriedenzugeben.

Wichtig ist, dass Deine inneren Antreiber Dein Handeln nicht permanent bestimmen und schon gar nicht in unpassenden Situationen das Kommando übernehmen. Denn auf diese Weise erschöpfst Du Dich nur. In den richtigen Situationen eingesetzt, sind sie sehr wertvoll. **Nur wann ist diese „richtige" Situation?**

Auf diese Frage kannst Du eine Antwort finden.

Das kannst Du tun, indem Du Dir Zeit nimmst, in Dich hineinzufühlen. Es braucht manchmal ein wenig länger, bis Du mit Gefühlen in Kontakt kommst. Trau Dich, nimm Dir genügend Zeit, es wird ein Kontakt zustande kommen. **Gefühle sind wichtige Indikatoren,** die

Schlussfolgerungen auf die dahinterliegenden Themen zulassen. Lernst Du mit Deinen Gefühlen in Kontakt zu sein, hast Du ein inneres Alarmsystem, das Dich hervorragend vor Erschöpfung und Ausbrennen schützt.

III. Neu Handeln
(Übungsteil)

6. Entdecke Dich neu

Wir haben in den vorangegangenen Kapiteln schon immer wieder Hinweise eingebunden, wie Du vorgehen könntest, wenn Du Dich in der Beschreibung eines Konzeptes wiedererkannt hast. Da wir wissen, dass das mit der Selbsterkenntnis keine einfache Sache ist, wollen wir Dich in diesem Kapitel einladen ein paar Tools zu nutzen, die Dir dabei helfen können.

Bei allen Gewohnheiten besteht das Grundproblem darin, eigene Marotten überhaupt entdecken zu können. Bei Fremden ist das noch relativ einfach. Bei Freunden wird es schon schwieriger. Bei Familienangehörigen ist es ausgesprochen anspruchsvoll. Am schwierigsten ist es aber bei uns selbst.

Gewohnheiten sind so hoch automatisiert, dass sie sich in manchen Bereichen dem Bewusstsein entziehen. Klar gibt es eine Reihe von Gewohnheiten, die uns bewusst sind. So sagen wir schon mal im Gespräch mit Freunden: „Ich habe die Angewohnheit sehr schnell zu essen." oder ähnliches. Auch viele weitere Gewohnheiten sind schon in unser Bewusstsein vorgedrungen. Sind wir mit Freunden längere Zeit zusammen, geraten uns deren anfänglich auffällige Gewohnheiten aus dem Blick. Wir haben uns daran gewöhnt.

Kommt eine neue Person hinzu, fällt ihr wiederum alles Mögliche auf, was Dir und Deinen Freunden schon längst aus dem Blick geraten ist.

Ein aktuelles Beispiel hat Bernd unlängst erlebt: Er fuhr mit dem Fahrrad vor einem Freund durch die Weinberge. Er fährt zum ersten Mal mit diesem Freund zusammen Fahrrad. Bei einem Halt fragte der Freund, ob Bernd etwas an der linken Schulter habe. Bernd: „Nö, was soll sein mit der Schulter?" Der Freund: „Du hast sie seltsam hochgezogen."

Beim Weiterfahren hatte sich Bernd plötzlich an seine Aussage erinnert. Tatsächlich hat er realisiert, dass er die linke Schulter hochgezogen hatte. Das fühlte sich für ihn gar nicht verkehrt an, sondern eher bequem. Er konnte den Kopf an der Schulter anlehnen. Brachte er die Schulter in eine normale Haltung, fühlte sich das ziemlich ungewohnt an.

Er ist bestimmt schon jahrelang so gefahren und niemand hat ihm dazu eine Rückmeldung gegeben. Vermutlich hatten sich alle **längst daran gewöhnt.**

Als nächstes bieten wir Dir ein paar Übungen an. Probiere einfach aus, was am besten zu Dir und Deinem Anliegen passt.

A. Der fremde Blick

Diese Übung bringt bisher unentdeckte Gewohnheiten zum Vorschein.

Dass Fremde Deine Gewohnheiten besser sehen als Dir nahestehende Menschen, haben wir oben schon ausgeführt. Jetzt kommt es aber darauf an, ein Verfahren zu entwickeln, wie Du das für Dich im Alltag nutzen kannst.

Bernd hat eine Idee, die er den „fremden Blick" nennt. Er hat sie im Rahmen von Lern-Begehungen für die Industrie entwickelt. In den Bereichen Arbeitssicherheit und Qualitätsmanagement hat sein Unternehmen (t&t Organisationsentwicklung http://ttorga.de) so genannte Risiko-Lerngänge in Arbeitsumgebungen durchgeführt. Dabei ist ihm aufgefallen, dass Menschen, die in dem jeweiligen Arbeitsbereich fremd waren, genau jene Fragen stellten, die für die dort Beheimateten überraschend anders waren. So kamen eine ganze Reihe „blinder Flecken" (bisher Ungesehenes) zum Vorschein, die man alle dem „fremden Blick" verdankte. Fortan baute er den „fremden Blick" in Form einer weiteren Person in die Lerngruppe ein. Immer wieder konnten mit diesem Verfahren Sachverhalte aufgedeckt werden, die sonst den Gewohnheiten zum Opfer gefallen wären.

Wie kannst Du nun den fremden Blick für Dich persönlich nutzen?

1. Identifiziere eine Situation, für die Du mehr Bewusstheit erlangen willst.

2. Suche Dir einen Menschen aus, für den diese Situation fremd ist oder der Dich noch nicht in dieser Situation beobachtet hat.

3. Bitte ihn auf alles zu achten, was ihm eigenartig, unvertraut, merkwürdig oder unverständlich erscheint.

4. Hole Dir möglichst zeitnah die Rückmeldung zu seinen Beobachtungen. Kommentiere nichts. Stelle allenfalls Verständnisfragen.

5. Registriere Rückmeldungen zu Beobachtungen, die Dir bisher nicht bewusst waren. Bewerte sie nicht. Denn sie können sowohl gut als auch veränderungswürdig sein.

6. Überlege Dir eine Alternative zu Deiner Verhaltens-gewohnheit, wenn Du etwas verändern willst.

7. Teste, wie es Dir damit geht.

8. Bleibe mit Deiner Aufmerksamkeit mindestens acht Wochen beim Training Deines neuen Verhaltens.

Lass Dich nicht verunsichern, wenn es anfänglich noch nicht so gut klappt. Bleibe mit der inneren Kommen-tierung im Selbstgespräch, fürsorglich und aufmunternd. Erfreue Dich an Deinen Fortschritten. Auch wenn sie klein erscheinen.

B. Die Grenzerfahrung

Diese Übung bringt Dich in Kontakt mit Deinen Grenzen.

Bevor wir uns mit dem Thema Grenzen beschäftigen, erst einmal eine persönliche Frage:

Wie sind Deine Gedanken und Gefühle, wenn das Stichwort Grenzen fällt?

a) Grenzen sind Hindernisse. Sie müssen überwunden werden.

b) Grenzen schützen. Sie halten Unwillkommenes ab.

Solltest Du zu der mehrheitlichen Gruppe von Menschen gehören, die Grenzen generell für Hindernisse halten, könnte es für Dich interessant sein, einmal die Perspektive zu wechseln.

Bernd selbst ist mit diesem Thema in Kontakt gekommen, als er zum ersten Mal einen saftigen Bußgeldbescheid bekommen hat, weil er eine rote Ampel überfahren hatte. Die zwei Polizisten, die an diesem Tag den Verkehr an der Ampel kontrollierten, behaupteten es jedenfalls. Und wenn er ehrlich ist, hatte er trotz Beschleunigung in der Gelbphase noch kurz die rote Ampel gesehen. Ein Hindernis und nichts wie rüber.

Er hat dann mit Übungen in seiner Ausbildungsgruppe an diesem Thema gearbeitet. Er bemerkte, dass es mehrere ähnliche Situationen gab, wo er sinnbildlich Gas gegeben hat. Er hat Energie eingesetzt, um eine tatsächliche oder vermutete Grenze zu überwinden.

Nicht dass es grundsätzlich schlecht wäre, für das Überwinden von Grenzen Energie einzusetzen. Auf diese Weise stellen Menschen Rekorde auf. Es braucht aber einen realistischen Blick auf die Energieressourcen und das Risiko, das mit dem Überschreiten einer Grenze verbunden ist. Das Wort „Besonnenheit" beschreibt in unseren Augen ganz treffend die Balance zwischen eingesetzter Energie und erwartetem Gewinn.

Menschen, die Burnout-gefährdet sind, neigen diesbezüglich zu einer Fehleinschätzung. Sie schieben die Grenzen ständig weiter hinaus. Ein immer größerer Energieaufwand wird notwendig, um das Level zu halten. Irgendwann stimmt die Relation nicht mehr. Der Energieaufwand ist unangemessen hoch.

Um damit in Kontakt zu kommen, helfen folgende Fragen:

- Wenn Du für die Aufgaben, für die Du im Moment Kraft einsetzt, die doppelte Energie aufbringen müsstest, wären dann Deine Grenzen erreicht?

- Wie viel weniger als das Doppelte könntest Du einsetzen für Aufgaben? Oder liegst Du schon über der Grenze?

- Woran würdest Du merken, dass Du Deine Grenze erreicht hast?

- Wie könntest Du Deine Grenze anderen mitteilen und was könntest Du tun, um Dich selbst zu schützen?

Viele Menschen, die dazu neigen, über ihre Grenzen zu gehen, hegen eine unbewusste Hoffnung. Irgendjemand, der sehr mächtig ist, möge die Not, in der sie stecken, erkennen, einschreiten und sie außer Gefahr bringen.

Dies ist eine Illusion. Du kannst es so weit treiben, bis Du zusammenbrichst. Lass es nicht soweit kommen.

Um Dich zu schützen, kannst Du Dir einen Notausgang bauen: Definiere für Dich die Anzeichen für Deine Grenzen. Ab wann tritt eine Notfallsituation ein?

Mach das konkret: „Wenn ich in der Nacht aufwache und mehr als eine Stunde wach liege und dies mehrere Tage hintereinander", oder „Wenn ich mehrmals in Folge aggressiv gegenüber meinen Kindern geworden bin".

Beschreibe exakt, an welchen beobachtbaren Zuständen der Notfall eintritt.

Registriere Deine Körperreaktionen wie Schweißausbruch, Herzrasen, Erschöpfung. Definiere exakt, wann Du den Notausgang benutzen willst. Wenn die Zeichen erreicht sind, versprich Dir selbst, dass Du ihn dann benutzen wirst.

Was Du dann konkret tust, wenn Du durch die Notfalltür gehst, bleibt natürlich ganz in Deiner Verantwortung. Bernd hat als Coach gute Erfahrungen damit gemacht, dass sich Klienten selbst verpflichten, zum Arzt zu gehen, um sich krankschreiben zu lassen. Das ist allemal besser, als einen Unfall zu bauen oder einen Infarkt zu erleiden. Auch war für die Klienten selbst und für ihre Arbeitsumgebung „krank sein" mehr erlaubt als „es nicht mehr zu schaffen". Es stellte sich immer ein starkes Entlastungsgefühl ein, wenn sich Klienten die Erlaubnis gegeben haben, im Notfall diesen Weg beschreiten zu dürfen. Es ist ja dann tatsächlich ein Krankheitszustand erreicht, der ärztliche Begleitung braucht.

Übrigens: Nach Bernds Übungen in der Ausbildungsgruppe ist er zum Genussfahrer geworden. Jedes Mal, wenn er auf eine gelbe Ampel zufährt, bremst er genussvoll. Er hält an mit dem Gefühl „Mir kann keiner was, weil ich mich auf diese Weise selbst beschützen kann und vor Strafe sicher bin."

Seither haben für Bernd Grenzen **auch** eine Schutzfunktion. Bildhaft denkt er an ein Camp mitten im Dschungel, das mit einer Palisade vor wilden Tieren geschützt ist.

C. Die Lösungsrichtung im Tetralemma

Den Begriff des Dilemmas kennen alle. Er bezeichnet das hin und her pendeln und Feststecken zwischen zwei Alternativen: „Entweder ich fange nächstes Jahr mit dem

Studium an oder ich lass es bleiben, weil ich meinen Lebensunterhalt verdienen muss". Einerseits – andererseits, entweder - oder, so verengt sich unser Denken immer stärker auf ausschließlich zwei Perspektiven. Jeder kennt solche Situationen und weiß aus eigener Erfahrung, wie energiezehrend und quälend solche Prozesse sind.

Das Modell des Tetralemmas weitet die einengende Sichtweise wieder, indem es zwei weitere Perspektiven ins Spiel bringt. Die Perspektive „sowohl als auch" und die Perspektive „weder noch".

Wenn wir uns im Dilemma des „entweder oder" zu sehr gefangen fühlen, ist es ausgesprochen hilfreich, den Blick zu weiten und sich gedanklich von den beiden zusätzlichen Perspektiven leiten zu lassen.

Sowohl als auch: „Ich organisiere mich so, dass ich mir eine Arbeit suche, die mir erlaubt, auch noch studieren zu können."

Weder noch: „Erst mache ich mal eine Studienreise, danach sehe ich weiter."

Hat man sich erstmal aus dem Dilemma befreit, weitet sich das Denken und es entsteht die Möglichkeit, völlig neue und überraschende Perspektiven zu entdecken. Dies sorgt wieder für neue Energie.

Als Grafik lässt sich dies wie folgt darstellen:

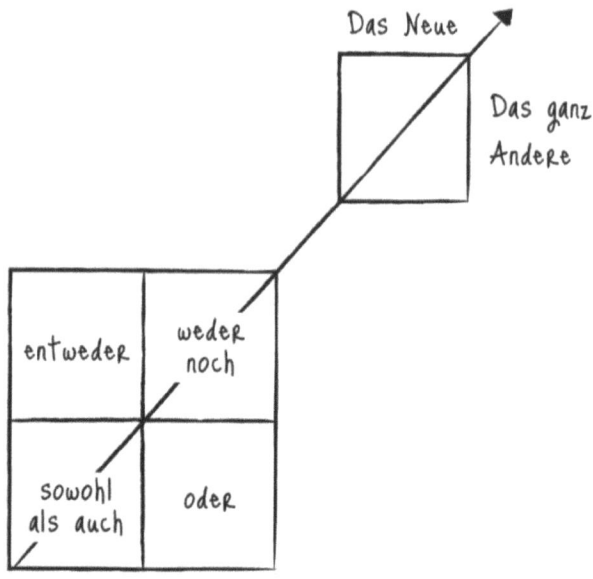

Experimentiere doch mal mit den zwei zusätzlichen Perspektiven:

1. Wähle einen inneren Konflikt, bei dem Du vielleicht zu sehr auf ein entweder - oder fixiert bist:

2. Zeichne ein Quadrat, wie das in der Grafik.

3. Schreibe links oben Dein „entweder".

4. Füge rechts unten Dein „oder" ein.

5. Füge schriftlich ein „sowohl als auch" hinzu.

6. Füge jetzt das „weder noch" hinzu.

7. Was könnte das „ganz andere" sein - Schreibe es außerhalb des Quadrats.

8. Spüre nach, wie es Dir nun mit der Ausgangssituation geht. Was hat sich verändert?

D. Eine passende Affirmation anwenden

Lass uns zunächst einmal klären, was eine Affirmation ist. Eine Affirmation ist ein Satz, den wir uns wieder und wieder gedanklich, schriftlich, sichtbar oder hörbar in Erinnerung rufen. Je häufiger, umso besser.

Bei diesem Verfahren wird die Erkenntnis genutzt, dass Denken, Fühlen und Verhalten so eng miteinander verwoben sind, dass über jeden einzelnen Aspekt die beiden anderen beeinflusst werden können. Bei der Affirmation geht man vom Denken aus und hat über jahrzehntelange Erfahrung die Wirkung auf das Fühlen und Verhalten nachgewiesen. Dabei ist entscheidend, welche Affirmation ausgewählt und wie sie angewandt wird.

Am stimmigsten kann Bernd von seinen eigenen Erfahrungen mit dem Anwenden einer Affirmation berichten. Im Rahmen eines Workshops zur Selbsterfahrung ist er damit in Kontakt gekommen, dass die Überängstlichkeit seines Vaters im Umgang mit ihm

Spuren hinterlassen hat. „Sei vorsichtig!", „Lauf nicht so schnell!", „Geh nicht ins tiefe Wasser!", „Komm pünktlich nach Hause!": Das waren Sätze, die er immer und immer wieder gehört hatte. In der Selbsterfahrungsgruppe wurde ihm klar, dass er als Kind ein Gefühl für das Leben entwickelt hatte, das ihm vorgaukelte, dass sein Leben ständig gefährdet sei. Ein diffuses, latentes Angstgefühl wurde sein ständiger Begleiter.

Im Nachgang zum Selbsterfahrungsworkshop wollte er in einem Coaching an diesem Thema weiterarbeiten. Der Coach empfahl ihm, mit einer Affirmation den ängstlichen Gefühlen zu begegnen.

Als Erstes hatte er zu beachten, dass die Affirmation auf ein Ziel ausgerichtet ist. Negativbeispiel: „Ich möchte nicht, dass ich Angst habe." Botschaften verarbeitet unser Gehirn in der Weise, dass der Begriff „Angst" zum Zielwort wird. Womit man das genaue Gegenteil von dem erreichen würde, was beabsichtigt ist. Das Zielwort musste also gefunden werden. Über Herumprobieren ist er bei dem Begriff „sicher" gelandet.

Als Zweites sollte er beachten, dass sich der Satz „gut und zu ihm passend" anfühlt. Er experimentierte mit verschiedenen Sätzen wie: „Ich möchte sicher leben." oder „Ich bekomme jeden Tag mehr und mehr Sicherheit." Letztendlich wurde es dieser Satz: „Die Welt ist ein sicherer Platz." Es fühlte sich rundum stimmig für ihn an.

Der Coach machte ihn noch darauf aufmerksam, dass es möglich sei, dass sich sein innerer Kritiker meldet. Dieser könnte versuchen, ihm einzureden, dass der neue Satz gar nicht stimmt. Wenn das passieren würde, sollte er einfach darüber hinweggehen und immer wieder konsequent seinen Satz gedanklich wiederholen: „Die Welt ist ein sicherer Platz."

Schon nach zwei Wochen spürte er ein Wohlgefühl, wenn er sich den Satz vorsagte. Er hat ungefähr drei Monate mit diesem Satz gearbeitet. Wann immer er Gelegenheit fand, ob beim Spazierengehen, beim Autofahren oder vor dem Einschlafen, sagte er sich seinen Satz in einer Endlosschleife vor.

Rückblickend sagt er, dass die Welt, oder besser sein Gefühl für das Leben, sich für ihn verändert hat. Das Verschwinden des diffusen Angstgefühls erlebt er in der Rückschau als Befreiung.

Im Folgenden möchten wir Dir noch ein paar weitere Hinweise im Umgang mit Affirmationen zukommen lassen.

Zuerst ein paar Beispiele, welche Affirmationen im Zusammenhang mit Burnout-Gefährdung stimmig sein könnten:

- Ich werde meinen Arbeitstag pünktlich um …… Uhr beenden!

- Es ist gut für mich, drei Pausen über den Tag verteilt zu machen!

- Ich werde ruhig und gelassen arbeiten!

- Ich kann mir erlauben, nein zu sagen!

- Ich freue mich über Erholung und Entspannung!

- Ich kann mehr Zeit mit meiner Frau verbringen!

Du kannst auch eigene Affirmationen aus den Erlaubnissen der Antreiber entwickeln (Kapitel 5. - Die inneren Antreiber). Je nachdem, was sich stimmig für Dich anfühlt.

Du kannst an den Beispielen schon sehen, welche Satzanfänge sich für Affirmationen eignen:

- Ich werde...

- Ich darf...

- Ich kann mir erlauben...

- Schon bald werde ich...

- Es ist gut für mich...

- Ich freue mich auf...

- Immer mehr werde...

- Mehr und mehr wird...

Nun noch ein paar Hinweise, wie Du es schaffen kannst, oft und regelmäßig mit Deiner Affirmation zu trainieren:

- Sprich Dir Deine Affirmation im Geiste vor.

- Schreib sie an den Spiegel.

- Deponiere Zettel überall dort, wo Du oft hinschauen musst, ohne dass andere das mitbekommen (Dein Kalender zum Beispiel).

- Schicke Dir selbst mehrmals am Tag eine automatisierte Email mit Deiner Affirmation im Betreff.

- Erstelle einen Bildschirmhintergrund auf Deinem Handy mit Deiner Affirmation.

- Stelle Dir einen Alarm.

- Finde weitere kreative Möglichkeiten zur Erinnerung.

Hauptsache Du hast so oft wie möglich Kontakt zu Deinem Satz. Übe täglich und bleibe lange genug dran. Drei Monate sind eine gute Zeit und Du wirst merken, dass sich Dein Verhalten und Gefühl verändern.

Nimm Dir keinen Satz vor, bei dem ein anderer Mensch etwas tun oder sich verändern müsste. Du hast nur kontrollierten Einfluss auf Dich selbst. Also bleibe bei Dir und verändere Dein Denken. Affirmationen sind eine gute Möglichkeit dafür.

E. Deine Kontrolle neu justieren

Du hast im Kapitel 2 schon vom Zusammenhang zwischen Stress und Kontrolle gelesen. Du erinnerst Dich: Solange wir daran glauben, eine Situation beherrschen (sie kontrollieren) zu können, solange kann die Anspannung zwar groß sein, aber sie wird nicht in Angst oder gar Panik umschlagen.

Für Deine Selbstanalyse, im Sinne von Vorbeugung gegen einen Burnout, bedeutet dies, dass Du ehrlich Deine innere Einstellung dahingehend überprüfst: „Glaubst Du, dass Du Einfluss auf eine für Dich belastende Situation hast? Glaubst Du, dass Du grundsätzlich etwas tun könntest, was die Belastung abwendet? Glaubst Du, dass Du der Situation ausgeliefert bist und nichts tun kannst, um aus der Misere rauszukommen?"

Die Idee des Kontrollverlustes ist eine Stresspeitsche. Sie jagt den Adrenalinspiegel nach oben. Du erlebst Dich ausgeliefert und landest ungebremst im Burnout. Fast immer liegt dieser Idee eine Konstruktion zugrunde, die zwei oder mehrere Komponenten enthält, die sich gegenseitig ausschließen.

Beispiel: „Wenn ich es ablehne, am Samstag zu arbeiten, werde ich meinen Arbeitsplatz verlieren. Wenn ich zusage, wird mich demnächst meine Partnerin verlassen." Hinzu kommen dann noch Aspekte wie: „Ich spüre, wie erschöpft ich bin. Was sagen meine Kollegen dazu, wenn ich ablehne? Müsste ich nicht mal wieder eine Radtour mit meinen Freunden mitmachen?" Und noch einiges mehr.

Egal ob Du von einem Dilemma, Trilemma oder Tetralemma sprichst, **in keiner Richtung scheint eine Lösung möglich zu sein.** Interessant ist dabei, dass sich Deine Sichtweise bezüglich der Unlösbarkeit Deines Dilemmas umso mehr verschärft, je länger Du schon über Deine Grenzen gegangen bist und mitgemacht hast. Deine Investition soll ja am Ende nicht umsonst gewesen sein, sondern den unbewusst erhofften „Lohn" einbringen. Im Umkehrschluss bedeutet dies: Du musst vermutlich einen Verlust in Kauf nehmen, wenn Du aktiv die Dilemmasituation verlassen willst.

Zwei Aspekte können Dir aus der Misere helfen:

1. Nimm Verluste in Kauf! Lieber einen kleineren oder gar großen Verlust in Kauf nehmen, als am Ende im Desaster zu landen.

Es kann schon sein, dass Deine Kollegin auf Dich sauer ist, weil Du es abgelehnt hast, am Samstag zu arbeiten, und sie stattdessen gefragt wurde. Nimm es in Kauf.

Erstens, weil es für Dich wichtig ist, und zweitens, weil Deine Kollegin dann auch lernen kann, ihre Grenzen zu wahren. Eventuell aufkommende Schamgefühle gilt es zunächst auszuhalten. Sie hören häufig nach einiger Zeit von selbst auf.

Es gibt einen wunderbaren dreiminütigen Dokumentarfilm, der ein tolles Beispiel für das Inkaufnehmen eines Verlustes oder das Nicht-Inkaufnehmen beschreibt. Schau ihn Dir hier an:
www.TAplus.de/burnout-vorbeugen-buch

2. Wenn Du in einem Dilemma steckst, neigst Du dazu, die Folgen einer Handlungsmöglichkeit zu dramatisieren. Es schleichen sich schwarze, beängstigende Phantasien ein. Sie verleiten Dich zu glauben, Du hättest keine Handlungsoptionen mehr. Entschärfe diese Phantasien und entlarve sie als Übertreibungen.

Zu diesem zweiten Aspekt möchten wir Dir noch einige Beispiele für Prüffragen mitgeben, die Dir helfen sollen, Deine angstmachenden schwarzen Phantasien zu überwinden.

- Welche Phantasien hast Du, wenn Du Dir Deine Reaktionen auf eine bestimmte Handlungsmöglichkeit ausmalst? Von welchen Situationen aus Deiner Vergangenheit könnten diese Phantasien gespeist sein?

- Überprüfe, welche Bewertungen Freunde oder Bekannte zu Deinen Handlungsmöglichkeiten haben? Teilen sie Deine Einschätzung?

- Erinnere Dich an Situationen, wo Du große Befürchtungen gehegt hast, die dann so gar nicht eingetroffen sind.

- Du kannst auch mal einen Vergleich anstellen: Vergleiche das Endergebnis von „immer weiter so" mit Deiner schlimmsten Phantasie als Folge von der Antwort „Nein, das mache ich nicht mehr". Was wäre schlimmer? Wahrscheinlich würde das „immer weiter so" ziemlich dramatisch ausgehen.

Auch wenn Du den Engpass Deiner Empfindungen noch als dramatisch erlebst, gib Deinen Einfluss auf die Situation nie auf! Nimm Dir das Recht, einen Einfluss (die Kontrolle) über Deine Arbeits- und Lebenssituation zu haben und selbst bestimmen zu können. Das Risiko für Unangenehmes, wenn Du Dich entscheidest und handelst, ist so gut wie immer kleiner als wenn Du nichts tust.

7. Mach Dich auf den Weg: So gelingt Veränderung

Falls Du nicht schon mit den Übungen begonnen hast, möchten wir Dich in diesem Kapitel einladen, echte Schritte zu unternehmen. Denn nur indem Du aktiv wirst, kannst Du Erschöpfung und Burnout vorbeugen. Du erinnerst Dich vermutlich noch an das Kapitel 3, in dem wir im Abschnitt „Und täglich grüßt das Muster" schon einiges zum Thema „automatisierte Gewohnheitsabläufe" gesagt haben.

Zwei Zitate aus diesem Kapitel sollen den Bogen wieder zurückspannen, um Dir von hier aus Möglichkeiten aufzuzeigen, wie Du um diese Automatismen herumkommst:

Zitat 1: „Was wir damals gesehen, gerochen, gehört, geschmeckt und gespürt haben, ist Bestandteil des angelegten neuronalen Musters. Diese Kontext-Trigger können, je nach Stärke und Bedeutsamkeit, im momentanen Erleben wieder sämtliche Befindlichkeiten und Emotionen wachrufen. Genau so, wie sie in den vergangenen Situationen angelegt wurden." Mit Kontext-Trigger ist ein Auslösereiz gemeint. Beispielsweise: Jemand sagt etwas auf eine ganz bestimmte Weise. Das veranlasst Dich, unsicher zu werden. Diese „ganz bestimmte Weise" könnte der Kontext-Trigger sein.

Zitat 2: „Die Trigger zu kennen und sie wiederzuerkennen, wenn sie in unangenehmen Situationen den Autopiloten aufrufen wollen, kann uns enorm helfen. Wir können an diesen Stellen neue und gewünschte Gewohnheiten formen. Wir können das Steuer wieder übernehmen und aktiv etwas ändern."

Allerdings gibt es zwei wichtige Bedingungen, wenn Du das Steuer wieder übernehmen willst:

1. Du musst den detaillierten Ablauf Deiner bisherigen Gewohnheit genau kennen. Vor allem die Auslöse-Reize (Trigger), welche die Gewohn-

185

heit am Anfang aufrufen. Du musst auch wissen, was anschließend passiert und wann der Autopilot übernimmt. Es handelt sich immer um einen Gefühlsimpuls. Etwas, was Dich unangenehm berührt oder irritiert. Dem geht ein ganz konkreter Auslöse-Reiz voraus. Das kann mal eine gedankliche Verknüpfung sein, aber oft sind es wahrnehmbare Sinnesreize wie z. B die Stimme eines Menschen, die Größe und Gestalt einer Person, der Tonfall, die Mimik oder Umweltreize wie Gerüche, Geräusche oder Geschehnisse.

2. Du musst bereit sein, über Wochen oder Monate Deine neu geformte Gewohnheit zu trainieren. Dabei hängt die Dauer des Trainings davon ab, wie oft Dir die Situation im Wochen- oder Monatsverlauf begegnet. Je seltener, umso länger musst Du trainieren. Das klingt anstrengend, lohnt sich aber für Dich.

So kannst Du vorgehen:

A. In vier Schritten zum Erfolg

Um den Veränderungsprozess verständlich zu machen, möchten wir Dir **zwei Beispiele** vorstellen. Wir hoffen, dass Du dann Deine Themen leichter in das Schema übertragen kannst.

Thea ist 36 Jahre alt und arbeitet als Teamleiterin bei einem großen Automobilhersteller. Sie und ihre Kollegen beklagen sich allesamt über die zunehmende „Leistungsverdichtung". So nennen Personalentwickler den Umstand, dass immer mehr Personal abgebaut wird und den wenigen verbliebenen Menschen immer mehr Arbeit zugemutet wird. Interessant ist dabei die Beobachtung, dass die Symptome der Überlastung bei den Besten ihres Fachs und den am effizientesten arbeitenden Kolleginnen und Kollegen zuerst auftreten.

Thea wurde von ihren bisherigen Chefs schon immer für ihren Fleiß, ihre Zuverlässigkeit und Genauigkeit gelobt. In der letzten Zeit bekommt sie aber immer häufiger Kritik zu hören, weil sie übernommene Arbeiten nicht termingerecht abliefern kann. Zudem hat sie sich wegen diverser Krankheiten Auszeiten nehmen müssen, was dazu geführt hat, dass Arbeit liegen geblieben ist. Sie bemerkt, dass sie nachts aufwacht und stundenlang nicht mehr einschlafen kann. Am nächsten Tag muss sie gerädert die anfallende Arbeit bewältigen. Ihr Chef ist irritiert darüber, dass seine Spitzenkraft immer häufiger Fehler macht und die Leistungsfähigkeit stark gelitten hat. In einem Gespräch empfiehlt er Thea ein Coaching, was sie nach kurzer Bedenkzeit auch annimmt.

Schon im ersten Gespräch mit dem Coach wird klar, dass sie ungleich mehr Arbeit angenommen hat als andere Kollegen. In einer Mischung aus Stolz und Unbehagen erzählt sie von Teamsitzungen mit ihrem Chef. Bei neu anfallenden Aufgaben fällt sein Blick immer zuerst erwartungsvoll auf sie. Diesem Blick kann sie nicht widerstehen. Deswegen nimmt sie die Aufgaben an. Erst danach wird ihr klar, dass ihr Team sauer auf sie sein wird, weil sie als Teamleiterin mal wieder Arbeiten angenommen hat, obwohl doch alle schon überlastet sind. Vermutlich bleibt auch wieder die meiste Arbeit an ihr selbst hängen, weil sie den Mitarbeitern nicht noch mehr aufdrücken kann. Niedergeschlagen und immer freudloser quält sie sich durch den Arbeitsberg an diesem Tag.

Da sie eine intelligente Frau ist, wird ihr im Coaching schnell klar, dass sie lernen muss, Aufträge und Arbeiten abzulehnen. Sie realisiert, dass der Blick ihres Chefs der entscheidende Trigger (Auslöse-Reiz) ist, der sie „automatisch" zustimmen lässt.

Erster Schritt: Sie soll den Auslöse-Reiz nur beobachten und im sonstigen Tagesverlauf achtsam sein, ob ihr der Trigger auch bei sonstigen Gelegenheiten begegnet.

Nach zwei Wochen im zweiten Coachingtermin kann sie lebhaft davon berichten, dass sie mehrere Situationen in ihrem Alltag entdeckt hat, in denen Kollegen, Freunde und Familienmitglieder mit dem gleichen erwartungsvollen Blick Bitten an sie herangetragen haben. Sie kann diesen Blick jetzt sogar noch genauer beschreiben. Er ist nicht nur erwartungsvoll, sondern immer auch ein bisschen leidend. Es wird ihr auch klar, woher sie diesen Blick kennt. Ihr Vater hat ihn oft eingesetzt, wenn er unter Druck war und seine Frau oder seine Töchter einspringen sollten, um sein Problem zu lösen.

Stolz berichtet sie dem Coach, dass sie bei der letzten Teamsitzung mit ihrem Chef um einen Auftrag herumgekommen ist. Sie habe einfach weggeschaut und in ihrer Tasche etwas gesucht. Und siehe da, ein anderer Kollege hat sich gefunden, der die Aufgabe übernommen hat. Sie weiß, dass das keine Dauerlösung ist. Aber den Trigger zu erkennen, ist schon „die halbe Miete".

Zweiter Schritt: Eine alternative Verhaltensweise zu entwerfen, die anstelle der alten eingesetzt werden kann und die die unerwünschten Folgen abwendet.

Bei der Suche nach einer Alternative ist ein attraktives Ziel hilfreich. Was würde sie bei einer Arbeitsreduktion mit der gewonnenen Zeit anfangen? Sie sehnt sich nach einem guten Nachtschlaf, um mal wieder fit zur Arbeit zu kommen. Dieses Bild und das dazu passende Gefühl holt sie sich als alternative Vorstellung, um im Moment des Angeschaut-Werdens zu wissen, warum sie den Arbeitsauftrag ablehnen will.

Dritter Schritt: Den Moment zu erkennen, in dem die Alternative eingesetzt werden sollte.

Im weiteren Coachingverlauf berichtet Thea, dass es ihr in zwei von fünf Fällen gelingt, an der richtigen Stelle nein zu sagen. Wenn ihr Chef sie im Fahrstuhl anspricht, habe sie noch Schwierigkeiten, den Moment zu erkennen, und so habe sie „versagt". Der Coach empfiehlt ihr gnädig und großzügig zu sich selbst zu sein und sich darüber zu freuen, dass ihr im Nachgang der Moment bewusst geworden ist, denn das ist auch ein Lerngewinn. Das Gehirn braucht Zeit, um die neue Bahnung zu festigen.

Vierter Schritt: Die alternative Verhaltensweise sicher einsetzen zu können, um sie zu einer neuen Gewohnheit werden zu lassen.

Nach einem halben Jahr ist Thea deutlich entspannter. Sie kann nachts wieder durchschlafen, hat wieder Freude an ihrer Arbeit gewonnen und bemerkt mit einiger Überraschung, dass sie auch im häuslichen Umfeld besser zu entspannten Situationen finden kann. Sie kann auch mal etwas liegen lassen und sie hat gelernt, ihrem Mann ein „nein" zu entgegnen.

Zweites Beispiel

Samuel ist 27 Jahre alt. Er arbeitet bei einem großen Krankenhausträger als Facility-Manager. Vor einem Jahr hat er geheiratet und seine Frau ist schwanger. Beide freuen sich auf das erste Kind. Vor Kurzem hat er zwei neue Gebäude hinzubekommen und muss zudem den Bau eines neuen Krankenhauses begleiten. Die Überwachung der Bauarbeiten und die Gespräche mit den Architekten sind nervenaufreibend. Er ist ziemlich am Anschlag. Zunehmend muss er auch Rücksicht auf seine Frau nehmen. Obwohl er sich bemüht, hört er immer wieder Kritik von seiner Frau. Das endet regelmäßig in einem heftigen Streit, was ihn emotional massiv belastet. Gerade jetzt bräuchte er eine stabile Beziehung. Er erkennt erste Symptome einer Überlastung. Kürzlich hatte er in einer Zeitschrift einen Artikel zum Thema Burnout gelesen, in dem Symptome aufgelistet waren. Er hat schon einiges davon bei sich wiedererkannt.

Die Streitsituationen mit seiner Partnerin kennt er. Schon nach dem ersten Jahr ihres Kennenlernens fing es an. Er hört einen Vorwurf von seiner Partnerin und er pariert diesen Vorwurf mit einem Vorwurf seinerseits. Am besten glaubt er sich zur Wehr setzen zu können, wenn sein Vorwurf noch etwas stärker ist als das, was er von seiner Partnerin zu hören bekommt. Schließlich rechtfertigt sich seine Frau gegenüber dem von ihm erhobenen Vorwurf und ihre eigene Kritik tritt in den Hintergrund. Blöd nur, dass daraus jedes Mal so ein kräftezehrender Streit entsteht, dass auf der Beziehungsebene erst einmal Sendepause ist. Zusammen mit seiner zunehmenden beruflichen Belastung und der Rücksichtnahme, die er sich gegenüber seiner Frau vorgenommen hat, stößt er an seine Grenzen. Von einem Freund bekommt er eine Empfehlung für einen Online-Coach. Er entschließt sich, eine Beratung in Anspruch zu nehmen.

Schon im ersten Call wird klar, dass er „schon immer so" reagiert hat, wenn er sich kritisiert fühlt. Als der Coach die Formulierung benutzt „Angriff ist die beste Verteidigung", muss er lachen: „Ja, so könne man das sehen."

Im zweiten Meeting wird klar, woher das Muster kommt. Als er 12 Jahre alt ist, stirbt sein Vater. Bis dahin stand er als jüngstes von drei Kindern dem kranken Vater sehr nahe und wurde auch vor dem neidischen, vier Jahre älteren Bruder geschützt. Nach dem Tod des Vaters ändert sich seine Welt radikal. Schutz und Privilegien sind entfallen und er ist den Attacken des älteren Bruders ausgesetzt. Aus Sicht der Mutter soll der ältere Bruder eigentlich eine Hilfe für den Jüngeren sein. Der ältere Bruder kommt zunehmend in die Rolle „des Mannes im Haus", was ihn nicht davon abhält, den Jüngeren zu drangsalieren. Die Mutter, die nun allein für das Familieneinkommen sorgen muss, kann kaum korrigierend eingreifen. Im Gegenteil. Sie ist häufig in Konfliktfällen auf der Seite des älteren Sohnes. Der Zwölf- und der Sechzehnjährige zoffen sich, dass die Fetzen fliegen. Und doch spüren sie, dass sie auch aufeinander angewiesen sind, um die schwierige Familiensituation zu meistern.

Samuel hat gelernt, dass er gegenüber den Sticheleien des Älteren schutzlos ist und nun allein die prekären Situationen überstehen muss. Dies gelingt ihm am besten mit Gegenangriffen.

Interessant ist für ihn noch die Erkenntnis, dass er dieses Muster hauptsächlich innerfamiliär

lebt. Im Beruf ist er auch empfindlich gegenüber Kritik oder dem, was er als Kritik interpretiert. Aber dort schluckt er den Ärger runter und denkt noch tagelang an die Situation.

Erster Schritt: Samuel will den Auslöse-Reiz im Kontakt mit seiner Frau beobachten und die unterschiedlichen Stärken des Reizes wahrnehmen können. Wenn der Automatismus des Gegenangriffs abgelaufen ist, soll er im Nachgang den Zusammenhang mit den Ursprungssituationen reflektieren.

Das ist keine leichte Übung für Samuel. Jetzt setzt ihm sein interner „Kritiker" zusätzlich zu. Er erlebt nun bewusster, wie angriffig und aggressiv sein Verhalten gegenüber seiner Frau ist. Gleichzeitig gelingt es ihm im Nachgang, die Zusammenhänge zur Entstehung seines Verhaltens zu erkennen. In einem weiteren Call kommt er damit in Kontakt, dass er häufig die Reaktionen seiner Frau überinterpretiert. Sie stellt ihm eine Frage, er hört Kritik. Im Gespräch mit dem Coach wird ihm klar, dass sein Bruder seine Drangsalierungen häufig mit einer Frage eingeleitet hat: „Hast du deine Hausaufgaben schon gemacht?", „Wieso verstehst du das nicht?", „Kannst du mal das Zeug wegräumen?".

Der Automatismus, der sich gebildet hat, lautet: „Eine Frage ist der Start für einen Angriff, gegen den ich mich wehren muss." In einer weiteren Übungsrunde lernt er den Unterschied wahrzunehmen, wie es ist, wenn seine Frau eine Frage stellt. Er bemerkt, dass ihre Fragen keine Angriffsqualität haben. Eine Frage ist bei ihr eine Frage und nicht mehr.

Zweiter Schritt: Eine alternative Verhaltensweise zu entwerfen, die anstelle der alten eingesetzt werden kann und die die unerwünschten Folgen abwendet.

Wenn er den Auslöse-Reiz registriert, will er eine Pause machen und zunächst seine Neigung zur Fehlinterpretation reflektieren. Danach will er sachlich eine Antwort auf die gestellte Frage geben.

Er bemerkt, dass er mehrere kritische Situationen umschiffen kann und lobt sich für die Erfolge. Schwierig bleibt es für ihn, wenn seine Frau ihm tatsächlich eine kritische Rückmeldung gibt. Da geht er schon noch zum Gegenangriff über.

Nach zwei weiteren Übungsrunden hat er herausgefunden, dass der beste Weg für ihn darin besteht, in jedem Fall mit einer Frage auf scheinbar kritische oder tatsächlich kritische Anmerkungen seiner Frau zu reagieren. Acht Wochen sind seit dem ersten Coaching vergangen. Sie sagt: „Du hättest mich ruhig Deinem Kollegen vorstellen können!" Er fragt: „Kannst du mir beim nächsten Mal einen Hinweis geben, damit ich daran denke? Du könntest einfach meine Hand anfassen als Signal, damit ich mich erinnere."

Dritter Schritt: Den Moment **sicher** erkennen, in dem die Alternative eingesetzt werden soll.

Er hat mittlerweile gelernt, fast alle Momente zu erkennen, in denen der Trigger zuschlagen könnte. Es fällt ihm immer noch schwer, sich eine passende Frage auf eine kritische Anmerkung seiner Frau einfallen zu lassen. Das sichere Erkennen funktioniert zu 80 Prozent. Die passenden Fragen zu finden nur zu ca. 30 Prozent. Auch wenn das neue Verhalten noch nicht zu 100% integriert ist, bemerken er und seine Frau eine deutliche Verbesserung ihrer Beziehungsqualität.

Vierter Schritt: Die alternative Verhaltensweise immer einsetzen zu können und sie zu einer neuen Gewohnheit werden zu lassen.

Nach einem halben Jahr haben sich seine Prozentzahlen noch weiter verbessert. Die Streitsituationen finden kaum mehr statt und seine Energien und Lebensfreude sind zurückgekehrt. Die Stabilität seiner Beziehung gibt ihm die Kraft für seinen anstrengenden Job. Und seine neu gewonnene Freiheit, anders als bisher zu reagieren, nutzt er jetzt gelegentlich sogar, um mit einem Späßchen auf kritische Anmerkungen seiner Frau zu reagieren. Auch die schwierige Phase nach der Geburt des Kindes haben sie glänzend gemeistert. Da hätte es in der Vergangenheit jede Menge Gelegenheiten gegeben, in einen Streit einzusteigen. Allerdings bleiben Konfliktsituationen in der Beziehung nicht völlig aus. Darauf hat ihn sein Coach aber hingewiesen: „Nur eine konflikterprobte Beziehung kann den Herausforderungen des Lebens angemessen begegnen." Auch auf der Arbeit kann Samuel seine erweiterte Kommunikationskompetenz gut gebrauchen und er kann viele konflikthafte Situationen vermeiden.

B. Schritt für Schritt Veränderung

1. Wenn Du magst, besorge Dir Schreibzeug und nimm Dir ein paar Minuten Zeit.

2. Identifiziere eine für Dich problematische Gewohnheit und benenne sie. Was tust Du genau?

3. Was denkst Du, weshalb Du diese Gewohnheit entwickelt hast und wofür sie ursprünglich einmal gut gewesen sein könnte?

4. Wie willst Du zukünftig in dieser Situation reagieren? Sei ruhig kreativ dabei. Das neue Verhalten muss beobachtbar sein.

5. Durch welchen spezifischen Auslöse-Reiz wird die Gewohnheit ausgelöst? (Stimme eines Menschen, die Größe und Gestalt einer Person, der Tonfall, die Mimik oder Umweltreize wie Gerüche, Geräusche, Geschehnisse oder Gefühlsimpulse...). An dieser Stelle ist es wichtig, dass Du den Auslöse-Impuls exakt bestimmst. Du brauchst ihn als Orientierungspunkt, um den Anfang Deiner Gewohnheit zu erkennen und um an dieser Stelle etwas anderes tun zu können.

6. Wann wird dieser Auslöse-Reiz vermutlich das nächste Mal auftreten? Oder in welchen Situationen?

7. Wie sieht Dein alternatives Verhalten anstelle Deiner Gewohnheit aus? Die Alternative muss beobachtbar sein. Orientiere Dich an dem Vier-Schritt-Verfahren.

8. Welche neuen Erkenntnisse hast Du bis jetzt aus dieser Übung gewonnen?

9. Stelle Dir einmal täglich einen Alarm und rekapituliere Dein neues Verhalten in Gedanken. Denke an die Auslöse-Situation und wie Du Dich neu verhalten wirst. Mach das so lange, bis Du

Dich in der Auslöse-Situation neu verhalten kannst.

10. Sei besonders wachsam, wenn sich das neue Verhalten schon einigermaßen eingeschliffen hat. Das ist die Phase, in der das Rückfallrisiko am größten ist, weil Du glaubst, dass Du über den Berg bist. Du bist aber erst über den Berg, wenn sich Dein neues Verhalten automatisch zeigt.

Lass uns diese Schema anhand eines Beispiels veranschaulichen:

Angenommen Du hast die Angewohnheit, in stressigen Situationen Deinen „Beeil dich!"-Antreiber zu besetzen. Du bist dessen überdrüssig und willst daran etwas ändern. Deswegen entschließt Du Dich, ein neues Verhalten zu planen.

1. Du besorgst Dir ein Blatt Papier und einen Kugelschreiber. Du schaltest Dein Handy auf lautlos, sodass Du für die nächsten 15 Minuten ungestört bist. Du bist Dir noch nicht ganz sicher, ob die Übung erfolgreich sein wird, aber Du lässt Dich auf das Experiment ein.

2. „Wenn ich im Büro bin, dann gerate ich total in Stress. Ich arbeite an drei Dingen gleichzeitig und bei jedem Arbeitsgang fallen mir noch mehr Dinge ein, die ich gleich mit erledigen könnte. Am Ende des Tages finde ich keinen Abschluss und nehme

die Arbeit mit nach Hause. Gleichzeitig fühle ich mich total ausgelaugt."

3. Dir wird klar, dass schon Dein Vater immer schnell war und dass Du schon damals angetrieben wurdest, Dich zu beeilen. Wenn Du etwas besonders schnell hinbekommen hast, gab es Lob.

4. Dein Plan ist „Ruhe einkehren lassen" und Dich nur auf eine Aufgabe zu konzentrieren. Einfälle, noch etwas gleich mit erledigen zu können, schiebst Du beiseite.

5. „Mein Chef kommt hereingestürmt und steckt mich mit seiner Hektik an. Er redet ganz schnell und aufgeregt und erweckt so den Eindruck bei mir, als wäre die nun kommende Aufgabe überlebenswichtig. Davon lasse ich mich beeindrucken."

6. „Das wird das nächste Mal auftreten, wenn ich im Büro bin. Nächste Woche wahrscheinlich."

7. „Dieses Mal beobachte ich ganz genau, wie mein Chef das macht mit der Hektik. Ich werde die Aufgabe übernehmen und dann erstmal tief durchatmen. Als Nächstes werde ich die tatsächliche Dringlichkeit bewerten und meine Aufgaben entsprechend neu strukturieren. Dann werde ich sie nacheinander abarbeiten.

Gleichzeitig werde ich die Aufgaben langsamer angehen.

8. „Meine neuen Erkenntnisse sind, dass ich ja im Prinzip viel schaffen will, dass ich mich dann aber auch überschlage. Das ist meinem eigentlichen Ziel abträglich. Ebenfalls ist mir aufgefallen, dass die Art und Weise meines Chefs mich triggert. Das war mir vorher gar nicht bewusst. Und dann ist mir noch klar geworden, dass das ganze Arbeitsproblem aus mehreren schädlichen Gewohnheiten besteht. Einmal, dass ich mich von dem Verhalten meines Chefs angetrieben fühle. Und dann, wie ich Arbeiten im Allgemeinen angehe und dass ich noch den Anspruch an mich habe, alles fertig zu machen. Das sind drei Themen, die miteinander zusammenhängen. Jedoch ist es gut, wenn ich sie getrennt voneinander bearbeite. Sonst wird es zu viel.

9. „Alarm ist gestellt"

10. „Ich stecke noch in den Anfängen beim Einsetzen meiner alternativen Verhaltensweisen. Außerdem ist das Problem noch nicht gelöst, dass ich auch ständig Überstunden schiebe. Hier muss ich die Übung noch einmal überdenken."

So könnte es aussehen, wenn Du eine Gewohnheit bearbeitest. In einem nächsten Schritt könnten noch die beiden im Zusammenhang stehenden Themen bearbeitet werden. Aus der Erfahrung kommt in der Umsetzung oftmals diese Problematik auf:

„Ich habe alles genau geplant. Jedoch bin ich wieder in meine alte Gewohnheit zurückgefallen. Was mache ich falsch?"

Wir können Dich beruhigen. Du machst nichts falsch. Es ist ganz normal, dass man anfangs noch seine alte Gewohnheit lebt. Du kannst Deine Gewohnheit mit einem großen Schiff vergleichen, das volle Kraft voraus fährt. Selbst wenn Du die Schiffsschrauben anhältst und in die entgegengesetzte Richtung drehen lässt, wird das Schiff seine Fahrtrichtung nicht sofort stoppen. Die Trägheitsgesetze gelten auch für Gewohnheiten. Die Rückwärtsenergie wird erst nach und nach wirksam. Zunächst passiert scheinbar überhaupt nichts. Dann wird das Schiff langsamer, fährt aber noch weiter vorwärts. Das, obwohl die Schiffsschrauben bereits in die entgegengesetzte Richtung drehen. Irgendwann steht das Schiff still. Erst ganz allmählich setzt eine langsame Rückwärtsfahrt ein, die dann an Schwung gewinnt. Der Schiffskapitän weiß um diese Eigenschaft. Er bleibt gelassen und gibt dem Schiff Zeit. Denn er kalkuliert, dass seine Steuerbefehle mit Zeitverzögerung umgesetzt werden.

Um Deine persönlichen Schiffsschrauben zu vergrößern und damit schneller auf einen neuen Kurs zu kommen, kannst Du das hier tun:

- Übe Deine neue Gewohnheit im Trockentraining ein. Stell Dir die Situation vor und spiele Dein neues Verhalten in Gedanken durch. Am besten vor dem Spiegel.

- Mach es Dir zur Gewohnheit, dass Du schwierige Situationen im Nachgang reflektierst, Dir Alternativen überlegst und Planungen für das nächste Mal vornimmst.

- Schreibe Dein neues Verhalten auf einen kleinen Zettel und führe ihn mit Dir. Lies ihn Dir mehrmals täglich durch.

- Führe ein Gewohnheits-Änderungsjournal. Wie das geht, zeigen wir Dir jetzt.

C. Gewohnheits-Änderungsjournal

Wähle eine erschöpfende Gewohnheit aus, die Du ändern möchtest, und führe die Übung „Schritt für Schritt Veränderung" durch. Beginne nun ein tägliches Journal über Deine Gewohnheitsänderung zu schreiben. Das wird Dir helfen, Bewusstheit zu erlangen, und Dich in die Situation versetzen, aktive Burnout-Prävention zu betreiben. Nimm Dir abends 5 Minuten Zeit und beantworte Dir diese Fragen schriftlich:

- In welchen Situationen hast Du Deine Gewohnheit bemerkt?

- Wie hast Du Dich tatsächlich verhalten?

- Was ist der Unterschied zu Deinem Wunschverhalten?

- Kannst Du großzügig und fürsorglich mit Dir selbst umgehen, wenn Dir der Unterschied bewusst wird? Denke an die verzögerte Reaktion eines Schiffs bei einem Kurswechsel.

- Was hast Du heute anders gemacht als gestern? Erkenne auch kleinste Änderungen an. Beispielsweise wenn Du häufiger an Dein neues Verhalten gedacht hast als am Vortag.

- Was nimmst Du Dir für den morgigen Tag vor?

Veränderungen sind häufig nicht sofort zu 100% umsetzbar. Es passiert, dass wir erst in einem ruhigen Augenblick nach der Situation realisieren, dass wir schon wieder das alte Verhalten abgespult haben. Mit fortschreitender Übung rückt das Bewusstsein aber immer näher an die zu verändernde Situation heran. Es kann sein, dass Dir nach einiger Zeit direkt nach der Situation bewusst wird, dass Du schon wieder Dein altes Verhalten gezeigt hast. Dann lobe Dich dafür, dass Du es bemerkt hast. Denn das ist ein Lernfortschritt. Als Nächstes bemerkst Du es vielleicht direkt in der Situation und kannst Dein Verhalten trotzdem noch nicht ändern. Wenn Du konstant auf die zu verändernde Situation achtest, wirst Du nach nur wenigen Wochen fähig sein, etwas tatsächlich neu zu gestalten. Der Weg des Bewusstseins von „zeitlich nach der Situation" bis „zeitlich vor der Situation" ist ganz normal. Er braucht Achtsamkeit und Zeit. Auch Rückfälle sind in Ordnung und Teil Deiner Entwicklung. Hast Du einmal den Automatismus unterbrochen und Dein Bewusstsein für Auslöse-Situation und Alternative entwickelt, steht es Dir für den Rest Deines Lebens zur Verfügung. Du hast die Wahl, jetzt etwas zu ändern. Was sind schon ein paar Wochen im Vergleich zum Rest Deines Lebens?

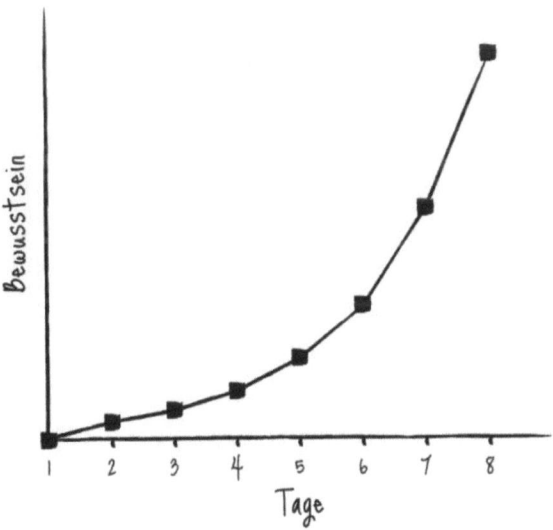

Um die Motivation aufrechtzuerhalten, schreibe maximal 5 Minuten täglich an Deinem Journal. Mache es nicht länger, auch wenn es Dir Freude bereitet. Die Herausforderung liegt darin, es täglich über mehrere Wochen zu tun.

An dieser Stelle möchten wir Dich noch auf ein tückisches Prinzip hinweisen. Es ist leicht, das Journal zu führen. Es ist aber noch leichter, es nicht zu führen. Nimm Dich selbst ernst genug und scheue diesen kleinen Aufwand nicht. Bleibe Deinem Vorhaben zugunsten Deiner langfristigen Entwicklung treu. Du kannst es Dir als angenehme Arbeit vorstellen. Wie ein Gärtner, der mit Freude das Unkraut in seinem Garten jätet. Genauso passiert es gedanklich auch: Du jätest Dein Gewohnheits-Unkraut, damit die Nutz- und Ziergewohnheiten wachsen und gedeihen können. Das Unkraut ist wie Deine alte Gewohnheit. Sie kann immer mal wieder durchkommen. Du kannst die alten Gewohnheiten im Keim ersticken. Mit Freude und Hingabe. So kannst Du sicherstellen, dass Du Dich langfristig im Garten Deines Lebens wohlfühlst. Falls Du professionelle Hilfe bei der Änderung Deiner Gewohnheiten in Anspruch nehmen willst, bieten wir Dir ein persönliches Coaching an. Nähere Informationen findest Du auf unserer Webseite zum Buch: www.TAplus.de/burnout-vorbeugen-buch.

D. Ruf nach Lösungen zweiter Ordnung

Wenn Menschen auf eine immer größere Erschöpfung zulaufen, geraten sie in krisenhafte Situationen. Bist Du kurz vor einem Burnout oder steckst schon mittendrin, erlebst Du die Krise wie eine große Überraschung. Eben war noch alles gut. Bis vor Kurzem konntest Du noch gut korrigieren, wenn etwas aus dem Ruder zu laufen drohte. Doch auf einmal ist sie da. So eine Krise hat es schon in sich. Wir wenden unsere gelernten Strategien an und nichts hilft. Das ist die zentrale Eigenheit einer Krise. Unsere gewohnten Lösungsansätze (Watzlawick schreibt von Lösungen erster Ordnung) versagen und wir geraten in einen schwer aushaltbaren Zustand der Verzweiflung. Wir kommen mit unserem eigenen Versagen in Kontakt und haben die Hoffnung aufgegeben, dass andere eine Lösung für uns hätten. Irgendetwas Neues muss her. Etwas, das den Rahmen sprengt. Etwas, an das wir bis dahin nicht gedacht haben. Etwas, das unseren Horizont erweitert.

Eigentlich müssten wir an dieser Stelle jetzt kreativ und erfinderisch werden, wenn nur der Druck nicht so groß wäre. Die Leichtigkeit für kreative Ideen fehlt uns dann.

Menschen, die schon in die Zwickmühle des Burnout hineingezogen wurden, kennen diesen krisenhaften Zustand. Mehr zu arbeiten hat sich schon als untaugliches Instrument herausgestellt. „Mehr von demselben" hilft nicht weiter. Die Krise wird sich zuspitzen, wenn nicht etwas Entscheidendes passiert.

Albert Einstein wird der Satz zugeschrieben: „Probleme kann man niemals mit der gleichen Denkweise lösen, durch die sie entstanden sind". Die Probleme sind also durch unsere eigene Denkweise entstanden. Nach Paul Watzlawick entsteht so eine „subjektive Wirklichkeit".

Diese subjektive Wirklichkeit hat in der Transaktionsanalyse einen eigenen Begriff:

J. Schiff und ihre Mitarbeiter haben, im Rahmen ihres Passivitätskonzeptes, den Begriff des **„Bezugsrahmens"** eingeführt. Sie haben beschrieben, wie es Menschen gelingt, Wahrnehmung neu zu interpretieren oder sie gar nicht wahrzunehmen, obwohl sie wahrnehmbar wäre. Der Bezugsrahmen wirkt wie ein Filter vor der Realität.

Die Sicht auf die Welt, wie wir sie uns gebildet haben, beschreibt allein unsere Welt und ist mit keiner Sicht eines anderen Menschen identisch. Nach Watzlawick **haben wir uns unsere Sicht auf die Wirklichkeit konstruiert und wann immer wir kommunizieren, stoßen zwei konstruierte Wirklichkeiten aufeinander.** Sie können einander ähnlich sein, doch sind sie niemals gleich.

Watzlawick bietet aber auch eine Lösung an - zumindest eine theoretische: Lösungen zweiter Ordnung. Wir brauchen eine Sichtweise auf das Problem von jemandem, für den unser Problem kein Problem ist.

Gute Berater können da hilfreich sein. Sie kennen einen Bezugsrahmen, in dem es z. B. möglich ist „nein" zu sagen, wenn wieder mal ein zu großes Arbeitspaket bei Dir landen soll. Eigentlich sind die Träger erfolgreicher Arbeitsvermeidung leicht zu finden. Schau Dich doch mal um, was manche Deiner Kollegen oder Freunde so machen. Du kannst Dir von ihnen abschauen, wie sie sich mit ihrem Bezugsrahmen in der Welt bewegen. Du kannst herausfinden, wie sich ihre Welt von Deiner unterscheidet. Du kannst dann entscheiden, ob Dich Deine Werte in Deiner Welt glücklicher machen oder ob es nicht doch besser ist, Deine Sicht auf das Problem neu auszurichten.

Im Rückblick haben überwundene Krisen immer eine persönliche Entwicklung in Gang gebracht. Krisen sind somit eine Chance auf Entwicklung. Auch wenn es sich bei der nächsten Krise wieder genauso beklemmend anfühlt wie bei der vorhergehenden.

Wenn Du mittendrin steckst, könnten Dir folgende Überlegungen helfen:

- Wenn morgen eine gute Fee käme und Dir eine Eigenschaft herzaubern würde, die Dein Problem lösen würde, welche Eigenschaft wäre das?

- Wie würdest Du Dich verhalten, wenn Du das Problem schon gelöst hättest?

- Mit welchem Verhalten würdest Du Deinen Chef/Partner/Kollegen überraschen?

- Was bewertest Du anders als Menschen, die Dein Problem nicht haben?

Tritt aus den bisherigen Pfaden heraus. Wenn Du nachts über Lösungen nachdenkst, drehst Du Dich wahrscheinlich im Kreis. Gönne Dir die Sicht von außen und weite Deinen Horizont.

E. Weswegen alles beim Alten bleiben könnte

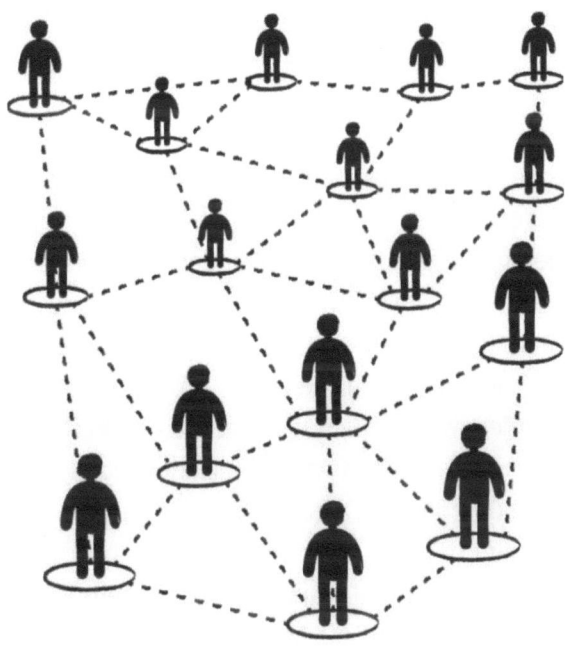

In diesem Kapitel möchten wir Dir eine Erklärung dafür anbieten, warum Deine persönliche Veränderung zur Vorbeugung von Burnout oftmals mit Herausforderungen verbunden ist, und was Du tun kannst, um sie trotzdem umzusetzen.

Manchmal löst ein geändertes Verhalten die energieraubende Situation nicht sofort auf, sondern verstärkt sie sogar noch. Wenn Du Dich beispielsweise krankschreiben lässt, könnte sich der Druck Deiner Kollegen auf Dich erhöhen. Das könnte Dich noch zusätzlich belasten. Es könnte sogar sein, dass der Druck so stark wird, dass Du lieber wieder arbeiten gehen würdest, als Deiner neuen erweiterten Sichtweise zu folgen.

Manche Partnerinnen oder Partner, Arbeitskollegen oder Freunde können verunsichert auf Deine Veränderung reagieren. Sie erleben Dich verändert und können nicht mehr mit ihrem gewohnten Verhalten auf Dich reagieren. Manchmal legen sie dann aus ihrer gewohnten Rolle heraus „noch eine Schippe drauf", um Dich wieder so zu bekommen, wie sie Dich kennen. Die Chefin fragt dann beispielsweise noch etwas energischer nach, ob Du die Aufgabe übernehmen kannst, als sie es bisher schon tat. Es benötigt mitunter viele kleine Schritte, bis man nach und nach seine langjährig gepflegten Antreiber transformiert hat und die Menschen, die Dich umgeben, mitbekommen haben, dass sie Dich nicht mehr umstimmen können.

Wenn Du Dich entscheidest, Dich neu zu verhalten, dann hat das immer auch einen Effekt auf Deine Umwelt. Du tust es in einem sogenannten Kommunikationssystem. Wir können ein System vereinfacht als das Zusammenwirken der verschiedensten Faktoren zwischen Dir und Deinen Mitmenschen bezeichnen. Es gibt so viele Faktoren, die miteinander interagieren, und trotzdem funktioniert ein System nicht zufällig, sondern nach bestimmten Prinzipien. Wenn Du diese Prinzipien kennst, wunderst Du Dich nicht mehr, warum Dein bester Freund Deine neue Entwicklung vielleicht mit Skepsis beobachtet, während Du von Deinen Fortschritten ganz entzückt bist.

Ein wichtiges Prinzip lautet: **„Systeme haben die Tendenz, sich selbst zu stabilisieren."** Bevor Du Dich entschieden hast, Dich auf neue Weise zu verhalten, war Dein System stabil. Deine Mitmenschen wussten Dich einzuschätzen. Nun hast Du vielleicht dieses Buch gelesen und Dich aufgrund der Informationen entschieden, etwas zu ändern. Die Änderung wird selbstverständlich sofort von Deinen Mitmenschen bemerkt. Im System gibt es nun zwei Möglichkeiten, eine Stabilität wiederherzustellen:

1. Alte Stabilität: Die Dynamiken des Systems schaffen es, Dich an Deinen alten Platz zurückzuziehen.

2. Neue Stabilität: Die Dynamiken des Systems reagieren auf Deine konsequente Verhaltensänderung und passen sich an Dein neues Verhalten an.

Systeme des menschlichen Miteinanders sind energieeffizient. Das bedeutet, dass sie die kleinstmögliche Anstrengung unternehmen, ihr Ziel zu erreichen. Was glaubst Du, welche die kleinstmögliche Anstrengung des Systems ist, sich wieder zu stabilisieren, nachdem Du es mit einem neuen Verhalten destabilisiert hast? Richtig, es versucht, Dich zurück an Deinen alten Platz zu ziehen.

Beispiel: Was sagt wohl der Chef, wenn einer der Mitarbeiter meint: „Ich werde mehr auf meine Bedürfnisse achten." Wahrscheinlich wird er dazu nicht gratulieren. Eher wird er argwöhnisch nachfragen und versuchen, den Ausreißer mit den verschiedensten Mitteln zurück ins System zu ziehen.

Oder wenn Du Dich beispielsweise dafür entscheidest, nicht mehr ständig zu allem ja zu sagen. Menschen könnten mit verstärktem Betteln oder Provokationen versuchen, Dich in den alten Zustand zurückzuversetzen: „Maximilian, früher warst Du nicht so egoistisch."

Es geht nicht darum, den Mitmenschen böse Absichten zu unterstellen. Vielmehr handelt es sich um eine neutrale Eigenart von Systemen des menschlichen Miteinanders. Ein System hat einfach seine eigenen Dynamiken, nämlich mit möglichst wenig Aufwand stabil zu bleiben. Wir glauben, es ist von Vorteil, diese Eigenart im Hinterkopf zu behalten. Wenn Du vorhast, Dich zu verändern, kannst Du jetzt gelassener bleiben, wenn Dein Umfeld kritisch auf Dich reagiert.

Die zweite Möglichkeit innerhalb eines Systems besteht darin, sich zu verändern. Gelingt es im System nicht, Dich an Deinen alten Platz zurückzubringen, wird sich eine Dynamik entwickeln, dass sich die anderen ändern. An diesem Punkt kommt ein weiteres Prinzip von Systemen zu tragen: **„Verändert sich etwas im System, verändert sich das ganze System."** Du hast es geschafft, dem Sog des Alten zu widerstehen, und hast eine echte Veränderung herbeigeführt? So mussten sich dann die anderen Deinem neuen Verhalten anpassen. Im Fall unseres Chefs könnte es sein, dass er Dich lobt, weil Du wesentlich ausgeglichener bist und Deine Arbeit genauer machst.

Oder Du hast von Dir aus die Arbeitsstelle gewechselt, weil Dir das Umfeld nicht mehr gefallen hat. Du hättest dann von Dir aus das System gewechselt, weil Du im alten System keine Änderung erreichen konntest. Das ist zwar immer ein gewagter Schritt, aber manchmal unumgänglich.

Einer von Steffens Freunden war Sport-Profi. Sein ganzes Leben drehte sich um Basketball. Auch seine engsten Freunde waren Basketballer. Aufgrund einer Knieverletzung musste er mit dem Sport aufhören. Er fing an, sich für neue Sachen zu interessieren - Reisen zum Beispiel. Das war eine Systemänderung. Nach und nach bemerkte er, dass er mit manchen seiner bisher engsten Freunde nicht mehr so viel anfangen konnte. Dafür hatte er neue Freunde gefunden, mit denen er sich über das Reisen und alternative Lebensgestaltung unterhalten konnte. Das ganze System hatte sich verändert.

Es passieren die verrücktesten Sachen, wenn sich das System ändert. Menschen kommen sich näher oder entfernen sich auch voneinander. Es ist nicht vorhersehbar oder gar planbar, welche Veränderungen stattfinden. Systeme agieren chaotisch, aber nicht zufällig. Bisher hört sich das nicht unbedingt erstrebenswert an.

An dieser Stelle möchten wir noch ein weiteres Prinzip von Systemen erwähnen. **„Entwickelt sich ein Mensch, verändert sich sein System tendenziell und langfristig gesehen zu seinen Gunsten."** Selbst wenn eine Systemänderung im ersten Augenblick als nicht erstrebenswert oder gar schädlich erscheint, sind die langfristigen Folgen meist positiver Natur für den sich Entwickelnden.

Beispiel: Eine Frau hat gelernt nein zu sagen. Sie lässt sich nicht mehr von ihrem Vorgesetzten ausnutzen und setzt seinem bisweilen respektlosen Verhalten Grenzen. Das nimmt er zum Anlass, sie zu entlassen. Die Frau ist zunächst sehr betroffen. Nach drei Monaten findet sie einen neuen Job, dessen Betriebsklima wesentlich besser zu ihrem neuen Verhalten passt. Grenzen und Personen werden respektiert. Die zunächst nachteilige

Konsequenz ihres neuen Verhaltens hat sich langfristig gesehen zu ihren Gunsten ausgewirkt.

Dass sich das System zu Deinen eigenen Gunsten entwickelt, könnte ein wenig egoistisch klingen. Es ist nicht egoistisch. **„Denkt jeder auch an sich, ist an alle gedacht."** Jeder ist für sein Glück mitverantwortlich. Keinem wird es von außen serviert. Da ist es doch besser, dass Du den Job der Selbstfürsorge übernimmst. Denn keiner kennt Dich besser, als Du Dich selbst kennenlernen kannst. Du darfst Dich also um Dich selbst kümmern. **Du bist ab heute Dein eigener Lebensglück-Beauftragter.**

Menschen, die sich persönlicher Entwicklung verweigern und sich ihr entgegenstellen, durchleben häufig die schwierigsten Zeiten. Statt für Veränderungen offen zu sein, konzentrieren sie sich auf die Gründe, weswegen Veränderung gerade nicht möglich ist. Es sind jene, die auch nach Jahren noch mit den gleichen Themen hadern. Lass sie reden und freue Dich über Deine Fortschritte.

F. Tiefe statt Breite

Es gibt Menschen, die ein Selbsthilfebuch nach dem anderen konsumieren und einen Kurs nach dem anderen besuchen. Dabei lernen sie tolle Techniken und viele Modelle kennen, was durchaus hilfreich sein könnte.

Doch haben sie die Techniken und Modelle häufig **nicht „er-lebt"** oder anders formuliert: Sich zu eigen gemacht. Es wird viel konsumiert, aber nur wenig oder gar nicht in die Tiefe gegangen - dort, wo die eigentliche Arbeit zu erledigen ist. Ihr Bezugsrahmen hat sich nicht wirklich verändert, sondern der Stoff, den sie neu aufgenommen haben, wird in das alte Denkschema integriert. Es ist so, als drehe man nur den Globus, ohne jemals in die Welt hinauszugehen. Es bleibt bei oberflächlichen Erkenntnissen, die bestenfalls vergeistigt sind, aber nicht in die eigene Persönlichkeit integriert wurden. Das Gefühlsleben als Teil des Bezugsrahmens wurde nicht bearbeitet. Es klafft eine Lücke zwischen Anspruch und Wirklichkeit.

Mehr und mehr Wissen anzuhäufen wird zu einer Möglichkeit, dem eigentlichen Schmerzpunkt auszuweichen. Die Erfahrungstiefe ist dann die gleiche wie die eines frischen Studienabsolventen, der aber noch keine Berufserfahrung hat. Es braucht Mut, sich den schmerzenden Gefühlen zu stellen.

Die Masse an Wissen hält Menschen manchmal sogar davon ab, mit der eigentlichen Arbeit zu beginnen. Sie überblicken den See, doch sie sind nie abgetaucht. Die Welt der Tiefe bleibt verborgen.

In unseren Augen bringt es den meisten Erfolg, eine längere Zeit mit **einem** Ansatz/Konzept zu gehen. Spricht uns ein Modell an, dann lesen wir uns tiefer ein und fangen an, es auf die Praxis zu übertragen. Erst dort werden die dazugehörenden Gefühle erlebt. Ein solcher Prozess erstreckt sich manchmal über Monate. Es braucht unserer Meinung nach nur wenige gute Modelle und die Bereitschaft, in die Tiefe zu gehen, um einen Großteil der persönlichen Herausforderungen bewältigen zu können. Unser Credo lautet: Eher Tiefe als Breite.

Ein solches Vorgehen transformiert unserer Erfahrung nach gleich auch andere Lebensbereiche mit. Du lernst beispielsweise nein zu sagen, damit Du im Beruf nicht ausbrennst. Des Weiteren könntest Du ein Gefühl dafür entwickeln, wann Deine Grenze erreicht ist. Dieses Gefühl macht keinen Unterschied zwischen beruflichen und privaten Situationen. Du stellst fest, dass Du auch mit Freunden und Familie wesentlich klarer umgehen kannst. Du hast ein kleines Konzept (das des Nein-Sagens) in die Tiefe gebracht. Es wird Dir hervorragende Dienste leisten und viele andere Konzepte werden dadurch für Dich überflüssig. Mache es wie die Profis: Gehe mutig in Richtung Tiefe, statt beim Überblickswissen zu bleiben.

Du hast Dir dieses Buch gekauft, weil Du fühlst, dass etwas gestoppt werden soll, was Dir Energie entzieht und Dich in die Erschöpfung treibt. Oder jemand hat Dir dieses Buch geschenkt, der sich Sorgen um Dich macht und befürchtet, dass Dich Deine Situation auf Dauer auslaugt. Wir haben Dir viele Ideen und Konzepte beschrieben, die Dir einen Ansatzpunkt bieten könnten, einem Burnout vorzubeugen. Wähle aus, was für Dich passt, und lege auf die Seite, was Dir zu kompliziert oder zu aufwändig erscheint. Selbst wenn Du nur einen Aspekt aufgreifst und dranbleibst, wird Dir wieder mehr Energie zufließen. Mach Dein Ding. Für Deine Entwicklung wünschen wir Dir alles Gute.

Literaturverzeichnis

Baur, M. & Schuler, H. (2011): „Arte DOKU Gegen die Wand - Rätsel Burnout, die überforderte Gesellschaft"; 19.11.2017; Internet-Quelle: https://www.youtube.com/watch?v=ldUZfrBjSXM

Dispenza, J. (2010): Schöpfer der Wirklichkeit - Der Mensch und sein Gehirn - Wunderwerk der Evolution; KOHA Verlag

Dobransky, P. (1999): Mind OS: The operating system of the human mind; unveröffentlichtes Manuskript

English, F. (1980): „Jenseits der Skriptanalyse"; S. 170-274; In: Barnes, G. et al. (Hrsg.): Transaktionsanalyse seit Eric Berne Bd. 2: Was werd' ich morgen tun?; Kottwitz

Gührs, M. und Nowak, C. (2008): Trainingshandbuch zur konstruktiven Gesprächsführung, Limmer Verlag

Heckhausen, H. (1980): Motivation und Handeln. Lehrbuch der Motivationspsychologie; Aufl. von Jutta Heckhausen; Springer; 2010

Kahler, T. (1980): „Das Miniskript"; S. 91-132; In: Barnes, G. et al. (Hrsg.): Transaktionsanalyse seit Eric Berne Bd. 2: Was werd' ich morgen tun?; Kottwitz

Lazarus, R. S. & Launier, R. (1981): „Stressbezogene Transaktionen zwischen Person und Umwelt."; S. 213-259; In: Nitsch, J.R. (Hrsg.): Streß: Theorien, Untersuchungen und Maßnahmen; Huber

Maslow, A. H. (1981): Motivation und Persönlichkeit; Rowohlt Taschenbuch Verlag

Markowitsch, H.J. & Welzer, H. (2006): Das autobiographische Gedächtnis. Hirnorganische Grundlagen und biosoziale Entwicklung; Klett-Cotta

Mohr, G. (2017): Resilienzcoaching für Menschen und Systeme (Soziale Innovation und Change) Gebundene Ausgabe – Edition Humanistische Psychologie

Mohr, G. (2015): Systemische Wirtschaftsanalyse: Die Psycho-Logik der Wirtschaft: Mensch und Ökonomie; Edition Humanistische Psychologie

Mohr, G. (2008): Coaching und Selbstcoaching mit Transaktionsanalyse. Professionelle Beratung mit integrativer Transaktionsanalyse; Edition Humanistische Psychologie

Moss, M. (2014): Das Salz-Zucker-Fett-Komplott: Wie die Lebensmittelkonzerne uns süchtig machen; Ludwig Buchverlag

Piaget, J. (1992): Das Weltbild des Kindes; Band 1; In: Kohler, R. (Hrsg.): Schlüsseltexte Band 1; Klett-Cotta, 2015

Raebricht, S. (2017): Beziehungsratgeber: No More Drama in deinen Beziehungen; CreateSpace Independent Publishing Platform

Remmert, G.W. (2017): Mach es allen recht! Beeil dich! Zur Dynamik innerer Antreiber; 12.08.2017; Internet-Quelle: http://ekkt.ekir.de/fileadmin/user_upload/gemeinden/trier/antreiber.pdf

Ries, E. (2012): Lean Startup: Schnell, risikolos und erfolgreich Unternehmen gründen; Redline Verlag

Rogers, C. (1995): On Becoming a Person: A Therapist's View of Psychotherapy; Mariner Books

Schmid, B. & Hipp, J. (2017): Antreiber-Dynamiken - Persönliche Inszenierungsstile und Coaching; 12.08.2017; Internet-Quelle: http://www.systemische-professionalitaet.de/isbweb/component/option,com_docman/task,doc_view/gid,440

Steiner, C. & Perry, P. (1999): Emotionale Kompetenz; Deutscher Taschenbuch Verlag

Stewart, I. & Joines, V. (2000): Die Transaktionsanalyse: Eine Einführung; Herder

Watzlawick, P., Beavin, J.H. & Jackson, D.D. (2016):
Menschliche Kommunikation: Formen, Störungen,
Paradoxien; Hogrefe

Watzlawick, P., Weakland, J.H. & Fisch, R. (2013):
Lösungen: Zur Theorie und Praxis menschlichen
Wandels; Hogrefe

IV. Über die Autoren

Bernd Taglieber

Bernd Taglieber (1949),

verheiratet, drei Söhne, hat nach Jahren in der Industrie, im Schuldienst und als Vorstand eines großen Bildungsträgers den Weg in die Selbständigkeit gewählt. Mitgründer eines erfolgreichen international agierenden Unternehmens für Organisationsentwicklung und Beratung.

Ausbildungen in Systemischer Beratung und Systemischer Hypnotherapie.

Er war 15 Jahre Ausbilder für Transaktionsanalyse. Hatte Lehraufträge an der Universität Hannover und war Gastreferent bei der European Business School (EBS).

Leidenschaftlicher Gewohnheitsmuster-Aufspürer. Agile und digitale Entwicklungen in Gesellschaft und Unternehmen verändern auch seine Beratungsphilosophie und halten ihn in Bewegung.

Sein Credo: Theorie muss sich der Praxis stellen und die Praxis der Theorie.

Steffen Raebricht

Steffen Raebricht (1985),

ist ehemalige Führungskraft der Bundeswehr (Offizier), studierter Bildungs- Erziehungswissenschaftler, Heilpraktiker für Psychotherapie, NLP-Trainer, transaktionsanalytischer Berater und Hobbyimker. Er hat eine über zweijährige Weltreise unternommen, führt die größte Website für Transaktionsanalyse im deutschsprachigen Raum und ist mit Unternehmern und Therapeuten weltweit vernetzt.